MI PRIMERA GUIA DE FINANZAS EN FAMILIA

Mi primer guía de finanzas en Familia

Agradecimientos
Introducción
Nuestra historia

Primero, lo primero

- Objetivo original
    - Objetivo en mente
- Analizando el estado actual
    - Tomar conciencia
- Redefiniendo objetivos
    - Define las metas a corto, mediano y largo plazo

Caminando hacia la meta.

- **Informarte y fórmate**
    - Lee sobre finanzas
    - Educación Financiera
    - Ahorro
    - Lo urgente y lo no urgente.
- **Define la estrategia**
    - La inteligencia emocional en las finanzas
    - Diseño de una estrategia como familia
    - Alineación de esfuerzos y objetivos comunes

Controlando desviaciones.

- **Presupuesto**
- **Rendición de cuentas.**

Recomendaciones para fortalecer las finanzas.

Agradecimientos

La interacción diaria con el mundo que nos rodea y de una manera muy especial la convivencia con nuestros seres queridos, es sin lugar a duda la mejor y más rica fuente de aprendizaje que podemos tener. Es por eso para mí de suma importancia agradecer a mi gran amor, mi esposo Luis, quien ha sido mi guía y apoyo en todos estos años de caminar juntos.

Como no recodar aquella primera vez cuando me dijo "Ana la suerte llega cada 76 años" así que, sino empiezas ahora, no tendrás éxito.

A mi hermoso hijo, Luis Francisco, por sus aportaciones y lindas creaciones artísticas en este primer libro.

A mis amados padres Rafael Martínez y Argentina Perez, gracias por la educación que me dieron, por todo el sacrificio de siempre darnos lo mejor dentro de sus posibilidades. Quizás no acumulamos riquezas materiales, pero si grandes valores.

Otra mención que no puedo dejar de agradecer es la lección que viví hace más o menos 23 años cuando mi tío Manuel Pérez se detuvo frente a mí a recoger un simple y sencillo "Clip" y expresó lo siguiente "cuidemos los centavos que los pesos se cuidan solos".

Gracias infinitas al sacerdote Alejandro Gutiérrez Buenrostro, por invitarnos a compartir nuestras experiencias de finanzas en familia, con las parejas de matrimonios de nuestra comunidad, fue el momento idóneo para compartir un poco de lo que la vida nos ha dado.

En la vida hay momentos, eventos, lecciones que te marcan para siempre y si sacas lo positivo de estas experiencias, el resultado se llama éxito.

Introducción

Hablar de finanzas no es fácil, especialmente cuando se refiere a las finanzas familiares, pues muchos tenemos la creencia que el manejo del dinero es un tema personal y privado, difícilmente permitiremos el acceso de alguien externo, aun cuando estemos atravesando por momentos de crisis financiera.

Esperamos que esta guía que vamos a presentar sea de gran ayuda en la construcción de una estrategia ganadora, practica y por qué no, entretenida de llevar en orden tus Finanzas personales o Familiares.

Si nunca has tenido la oportunidad de organizar tus finanzas esta es la oportunidad de ir paso a paso, dicen los expertos, que para hacer un hábito necesitamos 21 días, sin embargo, te recomiendo que vayas paso a paso, no quieras hacer en una semana lo que no has hecho en cinco o más años.

Es entonces el momento de emprender este emocionante viaje hacia la creación de un modelo de finanzas familiares que nos permita de una manera sana y ordenada alcanzar muchos de los objetivos que nos hemos planteado como persona o familia.

Nuestra historia

Nuestra familia es una familia como la de ustedes con sueños, metas, ilusiones, diferencias, fortalezas, debilidades, etc.

Nosotros hemos tenido que aprender a organizarnos en el tema de las finanzas, aprendido muchas lecciones, estrategias, reglas básicas, igual, a identificar nuestras propias limitaciones y hasta donde podemos arriesgarnos.

Todo este tema de las finanzas, inicio cuando empezamos a compartir nuestras experiencias con otras parejas de matrimonios en nuestras reuniones de comunidad

Empezamos hacer empatía con todo el grupo de matrimonios al cual pertenecemos. Y se fue dando una sinergia increíble.
Hasta que una tarde el Padre Alejandro nos llamó y nos dijo, "Ana será, que nos pueden apoyar con unas platicas de finanzas para parejas que se están preparando para el sacramento del matrimonio", increíble cuando escuche esta petición, sinceramente no lo dude, de inmediato mi respuesta fue si, cuente con nosotros.
Mi esposo y yo iniciamos las pláticas, como algo natural, tal cual como lo hacemos cada día en nuestra casa.
Así nació nuestro interés por compartir todo lo que hemos aprendido de finanzas familiares.

El compromiso es enseñar lo que hemos aprendido atreves de la práctica, de los fracasos, las experiencias, el día a día, el estudio y conocimiento sobre las finanzas.

Para la mayoría de las familias que no llevan unas finanzas sanas, la vida se vuelve compleja, estresante, no ven la salida de los diferentes problemas que se les presentan, en fin, mentalmente se bloquean y la relación de pareja o familia comienza a deteriorarse.

Esta situación de ausencia de un plan financiero o el desorden en el mismo, aunado a los problemas cotidianos va provocando una relación de pareja o familia compleja y desgastante.

Pienso que muchos de ustedes se van identificar con este pequeño relato de nuestra familia.

Al principio de nuestra relación cuando hablamos por primera vez de los temas financieros, llegamos al tema de las "Tarjetas de Crédito", mi esposo Luis encontró en esta revisión que yo tenía más de 10 plásticos y todos con la cantidad de dinero disponible en "0", porque todo se debía.

En ese momento les cuento que literalmente dije dentro de mí "Trágame Tierra", claro porque ya no era un secreto mío, sino que ya se convertiría en un problema de dos. Y un problema como este al principio de una relación de familia es grave. Porque si no se analiza correctamente y se pone un alto terminan destruyen la relación de la familia.

Este fue uno de los primeros problemas financieros que nosotros tuvimos que resolver juntos, y les digo juntos porque nosotros habíamos decidido formar una familia y salir adelante. Muchos de ustedes pensarán y se preguntarán ¿cómo pudieron salir de este problema? Y nunca más volver a cometer el mismo error, si claro, nunca más volver a repetir el mismo error.

Para esto les comento que Luis ya era el administrador de las finanzas en la casa (más adelante haré mención a esta clave de éxito), si el administrador de las finanzas, porque no todos estamos preparados para administrar, unos somos soñadores, emprendedores como yo, y otros son metódicos y excelentes administradores, como Luis.

El soñador juega un papel importante en la creación de proyectos y metas, sin embargo el administrador, ve un posible futuro, la realidad y lo factible, ante todo lo soñado o planteado.

Entonces llego la hora de lo bueno, Luis me dice, claro con mucho respeto "Ana lo más recomendable es que me entregues todas las tarjetas", inmediatamente dije ¿Cómo? o sea que no voy a llevar conmigo ninguna tarjeta, no entiendo. Sí, me dijo Luis lo que podemos hacer es que pagues en efectivo lo necesario, pero no más tarjetas, porque nunca saldrás de estas deudas.

Sinceramente dije, entonces se acabaron los viajes, los sueños, y todo lo que me gusta hacer, como es posible si para eso trabajo…es lo más fácil que podemos decir, en un momento como este. Sentí que me quitaban una parte de mí.

Después de pasar el momento de las emociones encontradas donde relativamente no escuchaba, llegó el entendimiento y empecé a llevarme al pie de la letra de todo lo que este hombre me decía, colocamos en el presupuesto un plan de pagos para cada una, que duro varios meses, inclusive algunas más del año, hasta que fueran quedando en ceros, pero no termina todavía.

Después que se fueron liquidando las tarjetas, me dice Luis en otra de las revisiones de presupuesto, "Ana debes pensar con cuantas tarjetas te vas a quedar", nuevamente pregunto ¿porque? Si las quiero todas…, de hecho, no las pienso utilizar, es correcto me dice Luis, lo mismo pienso yo, como no las vas utilizar debes cancelar las que no necesitamos, porque cada año vas estar pagando una comisión anual que no necesitas, es decir me dice Luis, suma todas las comisiones anuales que pagas y fácil ya tuvieras lo del enganche de un carro…y digo ¿Qué? Sí Ana lo del enganche de un carro. Bueno no estoy de acuerdo, pero lo haré.

Y muchos dirán y porque aceptabas Ana, sencillo primero porque si ya vengo arrastrando un pasado de deudas y problemas, sin éxito, y llega un consejo, una luz de alguien que me dice, Ana aun lo puedo lograr, pues claro no lo pensé dos veces, me deje guiar y esta es otra clave de éxito.

Este proceso de aprendizaje que personalmente yo tuve fue algo doloroso, difícil, aunque usted que ahora lo está leyendo no lo crea, llore, si lloraba mucho, me pegaba en el orgullo y la soberbia, porque estaba acostumbrada a gastar sin límites, y ese es uno de los peores errores que podemos cometer.

Aprendí el uso correcto de las tarjetas, si el uso correcto, antes que nada, el dinero de las tarjetas es un dinero que no tenemos, es muy común pensar que el dinero de las tarjetas nos pertenece y que todo está resuelto, pues no, grave error.

Luis ya tenía experiencia manejando la primera tarjeta que le conocí, era una tarjeta adicional que su mama le había prestado desde hace más de 6 años cuando estudio en la universidad, donde tuvo que aprender a tener un balance de sus gastos, era una extensión de la tarjeta de su mama y no quería que por un mal manejo su madre le pusiera alguna limitación.

Yo no tuve esa lección, desde muy joven trabaje y estudie, y como no tenía que rendir cuentas (otra de las claves de éxito) se me hacía fácil gastar el dinero, tener una y otra tarjeta sin medidas.
Es fundamental encontrar alguien que te complemente. Más adelante les daré algunos consejos de cómo hacer buen uso de las tarjetas de crédito.

Pero lo más importante que les puedo mencionar es, cuando tomas la decisión de salir adelante con tu pareja o familia, y no tener fracasos, sino éxitos, aprendes a escuchar, te dejas llevar, el ego desaparece, los intereses individuales se quedan atrás, porque empieza a pensar en la empresa más grande que tenemos, ahora piensas en la familia.

Tenemos otro caso de éxito con nuestro hijo, cuando tenía 4 años quería tener su primera bicicleta, claro normal como cualquier niño, insistió mucho en que le compráramos la bicicleta una y otra vez, nosotros si teníamos los recursos para hacerlo, sin embargo queríamos empezar a crear en él la disciplina de ahorro.

Cuando nos lo comento de nuevo en otra de nuestras salidas de compras, le contestamos lo siguiente" Hijo te vamos a dar una alcancía para que cada semana ahorres el dinero para tu bicicleta, cuando ya esté llena, vamos ir de compras por tu bicicleta," difícil el momento, al principio no estuvo de acuerdo, pero el reto de la alcancía le llamo la atención, al igual que la forma en la que le vendimos la idea.

Mamá, papá e hijo nos compramos alcancías así cada quien trabajar con un objetivo en mente, De esta forma empezamos a crear la disciplina en nuestro hijo y al final parecía una competencia o juego, no algo obligatorio.

Después de un año exactamente nuestro hijo terminó este primer reto, como recuerdo esa noche cuando llegó la hora de romper la alcancía y salieron tantas y tantas monedas estaba totalmente feliz viendo su éxito. Me decía mamá, mamá lo pude lograr.

Luego preparamos todas las monedas esa noche, las dejamos listas y al otro día acompañamos a nuestro hijo al Banco, si al Banco a cambiar las monedas por billetes, personalmente él estuvo con nosotros en la ventanilla, haciendo su sueño realidad.
Una vez obtenido el cambio a billetes, nos fuimos a comprar la bicicleta.
Esto era como de película, ver a este niño de 5 años tomando la decisión de cuál es la bicicleta que él puede comprar con el dinero ahorrado y que fuera una bicicleta de su gusto.
Al final tomo la decisión pago su bicicleta personalmente y salimos los tres muy felices.

En esta historia real, salieron a flote varias emociones, la tristeza que mi hijo sintió al momento de no comprarle su bicicleta, y al final la felicidad de haber logrado un propósito.

Una de nuestra meta o propósito en ese momento era empezar a enseñarle a nuestro hijo, que el dinero no salía gratis de los cajeros automáticos a los 4 años, al contrario, todo cuesta, pero si nos organizamos, definimos nuestros propósitos o metas y somos disciplinados, todo se puede lograr.

Muy sencillo usted no necesita ser súper inteligente para lograr éxitos en las finanzas de su hogar o familia, usted solo necesita ser disciplinado, así de sencillo como se lo estoy comentando, "disciplinado".

Aproveche en este momento y propóngase ahorrar cada semana XXX cantidad de dinero, pero eso sí, sea disciplinado, siempre ahorre la cantidad a la que se comprometió y luego asegúrese de tener este dinero en un lugar donde no lo pueda sacar, un banco, inversión, etc…no importa el monto que decidas ahorrar, para cada caso hay una opción, solo es buscarla.

En esta primera guía de finanzas en familia, producto de nuestras experiencias y aprendizaje, te vamos a explicar 12 pasos que te ayudaran a llevar unas finanzas sanas y a iniciar los cambios que debes hacer para alcanzar tus metas en la empresa más importante que es la familia

Primero, lo primero

- **Objetivo original**

El objetivo fundamental de todo hombre y, por consiguiente, el de toda familia, es o debería ser tener una vida digna y plena, donde la persona humana este por encima de cualquier otro bien.
Para tal efecto debemos tener claro y presente que el dinero no debe gobernar nuestras vidas, debe estar al servicio de la persona, ayudando a cada individuo y a la familia en general a alcanzar el objetivo fundamental, tener una vida digna y plena.

En el caminar de nuestra vida, existen momentos claves, en los cuales debemos tomar decisiones que afectaran nuestra vida para siempre, uno de estos momentos es cuando decidimos formar un hogar, con todo lo que ello trae con sigo, como por ejemplo sueños, planes, proyectos, bienes y por supuesto hijos.

Decimos que vamos a tener una casa en el mejor lugar, buenos carros, viajes, vamos ir de compras, nuestros hijos irán a la mejor escuela, les daremos la mejor educación, y así un sin fin de enunciados.

La mayoría de nosotros hemos pasado por estos maravillosos momentos que hemos descrito anteriormente, e iniciamos esta nueva etapa de la vida llenos de entusiasmo y optimismo.

Con el pasar de los días, nos vamos dando cuenta, como dice el refrán popular, que del dicho al hecho hay mucho trecho, y percibimos que algo no está bien, que por mucho que nos esforzamos el dinero no alcanza, entonces…entonces ha llegado el momento de hacerle frente a la realidad, es el momento de replantear nuestros objetivos y diseñar una nueva estrategia.

- **Objetivo en mente**

Es muy común encontrar personas, familias y hasta instituciones que no tienen un objetivo claro o han olvidado el que tenían, si es que alguna vez se tuvo uno.
Cuando el objetivo no está claro, la mayoría de las veces nos dedicamos a sobrevivir, pero no a vivir, vemos como el tiempo va pasando implacable y sentimos que no avanzamos e incluso en algunas ocasiones tenemos la sensación de estar retrocediendo.

Definir un objetivo, personal y familiar es quizás el paso más importante y definitivo en nuestro caminar, pues da sentido y enfoque a la mayoría de nuestras decisiones y acciones.
Los objetivos a definir, deberán ser medibles, cuantificables, realistas y alcanzables en el tiempo estipulado.

Permítanme darles algunos ejemplos: Salimos de compras más sin embargo no sabemos que vamos a comprar, no tenemos objetivo en mente. Y como resultado llenamos el carrito o tan fácil como que llenamos la tarjeta de crédito. Este tipo de decisiones van en contra de unas finanzas sanas en el Hogar.

Aquí les hago una pequeña anécdota, la verdad he tenido que disciplinarme mucho, muchísimo, vengo de un país caribeño (República Dominicana), con gente muy linda y alegre, diferente al país donde me tocó vivir como mi segunda casa, México, yo todo quiero, todo se me antoja, ¡ah! y cuando se trata de viajar ni se diga.
Siempre me ha gustado ir de viaje a Miami (claro ir de compras y gastar hasta lo que no) más sin embargo es aquí una de mis historias reales y por lo cual hago énfasis en la importancia de la comunicación en la familia y el objetivo en mente.

De repente un día llego y le digo mi esposo "Luis quiero ir a Miami" normal como todo hombre ...no me dice nada... insisto Luis ¡quiero ir a vacacionar a Miami!, si luego lo vemos. ¡Oh Dios! ese luego lo vemos era para mí, algo terrible. Como a los 10 días cuando llegaba la revisión de nuestro presupuesto de casa, donde nos sentamos los dos y revisamos ahorro, inversiones, gastos etc...me dice Luis "Ana vamos a revisar lo del viaje que dices a Miami" perfecto, voy corriendo y le dijo claro vamos mi amor, yo bien puesta, quiero viajar.

Empieza la revisión, entradas de dinero, ahorro, inversión, gastos, más gastos, antojos, etc...

Se empiezan a ver resultados muy justos, y algunos al límite negativo... entonces viene la pregunta obligada que me hace mi esposo, "¿Ana siempre quieres ir a Miami? a lo que respondo llorando, si literalmente llorando como niña de 13 años... ¡no!, ¡no! ya no quiero ir...y en ese momento con las emociones a flor de piel, entre enojo, tristeza y mi frase favorita, **"tanto que trabajo y no puedo gastarme mi dinero"**.

Sin embargo, viene la mejor parte, dejo pasar el momento y llega el entendimiento, la razón y sobre todo regresa el objetivo por el que estábamos luchando en ese momento, nuestra casa.
Que era el objetivo en mente y lo más importante en ese momento. Y al final solo me quedo aprender a priorizar, y tener el objetivo en mente. Este fue uno de los casos más difíciles, nunca lo olvidare.

Como dijo Warren Buffett *"La diferencia entre las personas de éxito y las personas de gran éxito es que las personas muy exitosas dicen 'no' a casi todo."* Esto lo he ido aprendiendo con el tiempo, la disciplina y dedicación, y sobre todo observando lo analítico de mi esposo.

Definitivamente no es lo mismo el objetivo o prioridad cuando estamos estudiando en la universidad y tenemos amigos por todas partes, a cuando ya empezamos a tener una familia.

Muchas veces no entendemos que ya las prioridades cambiaron y que nosotros también debemos enfocarnos correctamente.

Otra frase que me encanta mencionar siempre es, *"tarde o temprano la disciplina vencerá la inteligencia".*

A cuánto nos ha pasado que vamos hacer el súper o la compra semanal y de repente empezamos a tomar artículos que no necesitamos, haciendo más altos nuestros gastos o consumos sin necesidad. Es a esto que me refiero sin un objetivo en mente.

¿Alguna vez te has puesto a pensar cuantas horas necesitas trabajar para logar pagar algo que te gustaría comprar? Este es un ejercicio muy bueno y que te ayudará a organizarte mejor antes de tomar la decisión de comprar algo.

Por ejemplo, lo primero que te recomiendo es saber lo que ganas x horas x día x semana. Pocos tenemos idea de cuánto es. Imaginemos que necesitas comprar un celular de $10,000 pesos, y tu salario por hora es $50 pesos, es decir ganas $500 pesos x día, $3,500 pesos por semana, o sea para poder comprar el celular de $10,000 pesos necesitas trabajar tres semanas solo para comprar este artículo.

Es algo para pensar, porque normalmente no lo hacemos así, no tenemos el objetivo en mente y nos endeudamos muy fácilmente. Y las deudas son el primer obstáculo para lograr bueno resultado en las finanzas familiares.

Las ofertas en tiendas departamentales en varias temporadas del año, ¡ah como nos llaman la atención, vamos a ver aun cuando no necesitamos nada, decimos **"a ver qué hay de bueno o que encontramos"** …esto es totalmente contrario a llevar el objetivo en mente.

Es muy diferente que ya tengas alguna prioridad en casa por comprar y analizas en los tiempos de oferta, si realmente es una oferta.

Incluye a tu familia en el plan financiero. Si no la incluyes no vas avanzar como lo habías pensado, ya que puedes encontrar algunos puntos de vista diferentes. Hacerlo te garantizará que se compartan los objetivos unos con otros y así todos estarán alineados a la misma estrategia.

A continuación, enlistamos algunos objetivos financieros que te pueden dar idea de cómo ir trabajando en los de tu familia:

a. **Objetivos Financieros de educación**, son los que defines a través de la formación o preparación de los miembros de la familia en kínder, primaria, secundaria, bachillerato, universidades, maestrías, post grados o cualquier curso de certificación donde necesites una inversión de dinero.

b. **Objetivos Financieros de ingresos,** estos son los que defines atreves de lo que percibes por tu trabajo o cualquier otro ingreso de inversiones, rentas, o negocios que hayas creado o pienses crear. O inclusive cambiar de profesión o trabajo.

c. **Objetivos Financieros de residencia,** aquí defines la compra de tu casa, o el cambio de la actual, o el alquiler de la casa.

d. **Objetivos Financieros sobre estilo de vida**, incluyen todo lo que haces por diversión y entretenimiento, viajes, salidas fines de semana, compras, algunos seguros como el de vivienda, etc.

e. **Objetivo Financiero sobre la jubilación**, aquí estableces las estrategias que te lleven alcanzar una mejor jubilación.

f. **Objetivo Financiero de salud**, aquí entran todos las metas y pruebas que establezcas para lograr llevar una vida más saludable. Consultas médicas, dietas, pruebas, etc...pago de gimnasio, clases de yoga, seguros médicos, etc...

Trabajar con un objetivo en mente no es más que definir lo que deseas hacer y no permitir que el día a día, te desenfoque realmente de lo planeado, solo así conseguirás el éxito.

Piensa y haz una lista de algunos objetivos que tengas en mente, organízate y prepárate alcanzar tus sueños solo depende de ti y tu familia.

- **Analizando el estado actual**
  - **Tomar conciencia**

En este punto queremos hacer énfasis en la importancia que tiene el ser conscientes de nuestro estado actual y de cómo nuestras decisiones o la falta de ellas pueden afectar seriamente el estado financiero de la familia.

Es muy común ver cómo nos preocupamos por mejorar ciertos aspectos de nuestras vidas, como por ejemplo la salud, buscando mejores hábitos alimenticios, practicando algún deporte, o haciendo algún tipo de ejercicios, sin embargo no tomamos conciencia de los ajustes o mejoras que debemos hacer en el aspecto financiero.

Sucede por ejemplo que en algunas ocasiones salimos de compras y nos excedemos de lo planeado, en el momento disfrutamos la compras y fueron momentos emocionalmente increíbles, luego que llegamos a casa, vemos todo aquello y decimos, "tal vez no era tan importante esta compra", pero ya es tarde, en el momento que debimos tomar conciencia sobre si era necesario o no, no lo hicimos, y sobre este punto, es nuestro énfasis en crear esta disciplina de tener conciencia de nuestras decisiones financieras.

Las finanzas nos preocupan a todos; nuestra abundancia o escasez dependen, en gran medida, de nuestra prudencia y disciplina a la hora de administras los recursos que tenemos a disposición, apegándonos al cumplimiento de nuestro presupuesto.

La mayor parte de las personas pasan su vida sobreviviendo, como se dice comúnmente al día, esta situación es lamentable, pues cuando no se piensa en el mañana la carga se vuelve pesada, se pierde el interés y el ánimo decae, a veces nos da la impresión que los problemas nos agobian y no vemos la salida.

He sido buena observadora a distancia. Me ha tocado vivir lejos de mi familia materna y paterna. Escuchando las versiones de los unos y los otros, además viviendo la mía propia, (muy interesante). Y realmente he llegado a la conclusión que uno toma conciencia cuando a uno le cuesta lo que gana, lo que aprende, lo que invierte, lo que ahorra, lo que gasta. Solo hasta que haces conciencia de esto y lo vives puedes tener frutos, de lo contrario lo que fácil llega, fácil se va.

Otro tema que me llama mucho la atención es que solemos fijarnos en lo que el otro tiene y no en lo que yo puedo hacer.

¿Porque será así el ser humano? Claro es la posición más cómoda. Lo que uno no se pone a pensar es "¿Que hizo esa persona XXX para llegar dónde está? ¿Cuántas noches de angustia paso?, ¿Cuántos años estudiando o preparándose? ¿Cuántos sacrificios hizo para lograr su éxito en la vida? Son muchas las preguntas que podemos hacernos sobre el tema.

Sin embargo, solo cuando nos toca vivirlo, podemos adoptar otra manera de ver las cosas y entonces tomamos conciencia, y decimos para llegar a tener éxito que es lo que debe hacer. Ahí vienen lo interesante y lo que realmente cuesta.

La magia de lo que podemos lograr está dentro de cada uno de nosotros. No se compra, no se regala, más sin embargo si se puede cultivar cuando se toma conciencia.

Como dijo Viktor Frankel " El hombre se le puede arrebatar todo, salvo una cosa: La última de las libertades humanas-la elección de la actitud personal que debe adoptar frente al destino-para decidir su propio camino".

Según los expertos en el tema de las finanzas, dos tercios de la población está dedicada solo al presente y futuro, es decir, los ingresos de la mayoría se gastan al momento o aun antes de tenerlos, sin dejar un ahorro para el mediano o largo plazos, incluyendo el ahorro para el retiro, y muchas veces generando problemas de endeudamiento. Inclusive, se estima que alrededor de 70% de la población tiene dificultades para cubrir sus gastos básicos debido a una evidente falta de planeación.

Si nos ponemos a pensar con detenimiento, cuantos de nosotros somos parte de las estadísticas que menciona el Banco Mundial, realmente somos muchos, muchos que cuando ya cobramos, ya no tenemos nada, o simplemente mucho antes ya no tenemos nada.

Cada familia tiene su historia, sus problemas, sus deudas, su proyectos o planes, sin embargo nadie nos enseña a organizarnos, unos aprendemos leyendo o estudiando, otros con los golpes y fracasos que nos dan los propios errores que comentemos por la falta de conocimiento.

Y déjenme comentarles que algunos mueren, en la ignorancia total y nunca tuvieron la oportunidad de recibir una orientación o guía sobre el tema de tomar conciencia en las finanzas en hogar o familia. No queremos que formes parte de estas estadísticas, es una de nuestras principales motivaciones al hacer este libro, dar un poco de todo lo aprendido.

Algunos ejemplos de ayuda en este tema de tomar conciencia:

Usted se ha puesto analizar ¿Cuánto gasta en la compra de un refresco diario, (o cualquier otro artículo de consumo diario) a lo largo de todo el año? Estos forman parte de los gastos hormiga.
Gastos que no vemos, y que normalmente no sabemos en qué gastamos el dinero.
Si tomamos conciencia que ese dinero lo podemos invertir en otra cosa que nos dé más beneficios, no solo para la salud física, igual para el bienestar financiero. Se dice que normalmente solemos gastar entre el 12-15% de nuestros ingresos en gastos hormiga.

Algunos ejemplos muy comunes de gastos hormiga:
- El café de la mañana
- Chicles
- Los cigarros
- El refresco
- Papas fritas
- Botella de agua

ARTICULO	CANTIDAD SEMANAL	COSTO UNITARIO	COSTO SEMANAL	COSTO MENSUAL	COSTO ANUAL
CAFÉ	5 VASOS	19	95	380	4560
CHICLES	1 CAJA	12	12	48	576
CIGARROS	3 PAQUETES	24	72	288	3456
REFRESCOS	5 REFRESCOS	12	60	240	2880
BOTANAS	5	10	50	200	2400
	TOTAL	77	289	1156	13872

Es interesante hacer consciencia de estos gastos, imagina en que otra cosa puedes invertir este dinero que se nos va y no lo vemos.

Cuando compramos algo en abonos o pagos chiquitos, estamos pagando el articulo dos o más veces de su precio real. Si tomamos conciencia de esto, y en lugar de hacer abonos o pagos pequeños por 12 o más meses, ahorramos el dinero y pagamos en una sola exhibición en efectivo, al final no perdemos dinero, sino que pagamos lo justo.

Y lo más preocupante de todo que muchas veces cuando ya terminamos de pagar el artículo ya está descontinuado o hay otros más recientes y mejores. Les pongo el caso de los celulares, es increíble cómo cambia y mejora la tecnología.

La invitación de nosotros es tomar conciencia, de buscar el propósito real de nuestras familias en temas financieros, no podemos ir hacia donde el viento nos lleve, no podemos seguir empobreciéndonos por falta de iniciativa o aprendizaje.

Recomendaciones para llevar finanzas sanas:

- No gaste más de lo que gana, inclusive viva por debajo de los ingresos que recibe.
- El dinero debe ser un medio para alcanzar sus propósitos u objetivos, no utilizar como un fin.
- No dar a los hijos compensaciones en dinero para motivarlos, porque refuerza la noción de que el dinero es un fin.

- Enséñales a sus hijos la importancia de utilizar bien el dinero; si lo desperdicia o malgasta, muéstrale las consecuencias, así valorará realmente el buen uso del dinero.
- Enséñales ahorrar desde chicos para que entiendan la importancia y los beneficios que tendrán con esta disciplina del ahorro.
- Involucre a su familia en las decisiones financieras.

¿Realmente has tomado conciencia tú y tu familia, en el aspecto financiero?

La sugerencia en este punto, haz una introspección y escribe en una hoja cuanto has sembrado en términos financieros y como será tu cosecha.

¡No te compares, fíjate metas, sueños y toma conciencia y sal adelante! ¡Sí se puede!

- **Redefiniendo objetivos**
  - **Define las metas a corto, mediano y largo plazo**

Define las metas a corto, mediano o largo plazo

Una vez definido el objetivo debes trazar las metas para poder lograrlo.

Una meta, es el **fin hacia el que se dirigen las acciones o deseos**. Dicho de otra forma, la meta se identifica con objetivos o propósitos que una persona, organización o en este caso la familia define.

Las metas familiares son para crecer y disfrutar en familia. No podemos verlas como algo negativo. Por medio de esta se estrechan vínculos, se crea empatía con los demás miembros de la familia, y lo mejor que llegamos los objetivos propuestos. Al final son una fortaleza para el hogar ya que los une a trabajar para un mismo fin.

Hay diferentes tipos de metas a corto, mediano o largo plazo. Debemos ser cautelosos con los tiempos ya que siempre irán de la mano con nuestro desempeño en cada una de las metas definidas.

Me gustaría utilizar una de las abreviaturas de uno de mis últimos libros leídos "Las 4 disciplinas de la Ejecución" Sean Covey donde hace mención a la definición de las MCI (meta crucialmente importante).
Las 4 disciplinas de la Ejecución es una herramienta que no solamente las puedes utilizar en la empresa, sino también en la vida personal es un libro altamente recomendable.

Puedes utilizar las MCI en la definición de tus metas crucialmente importantes. Y se refiere en que enfoquemos nuestro esfuerzo en las metas que realmente harán a diferencia, no en 13 o 14 metas que dejaremos inconclusas y sin éxito.

Para que podamos hacer más adelante la ejecución de nuestros los propósitos definidos como metas crucialmente importantes, debemos enfocarnos. Toda ejecución inicia con el enfoque de lo que realmente importa.

Con este simple ejemplo quedará claro que el enfoque correcto es el que marca la diferencia en los resultados.

Imaginen que van a sacar una fotografía digital desde su celular, si usted no enfoca bien el objeto, paisaje, persona o su propia selfie, no tendrá los resultados esperados. Así igual funciona en las finanzas, tenemos que enfocarnos y definir las metas crucialmente importantes.

Los expertos dicen que cuando usted se enfoca en más de dos a tres metas crucialmente importantes, termina no haciendo nada, es decir no cumple lo planeado.

NUMERO DE METAS PLANEADAS	2 - 3	4 - 10	12 - 20	21 - 30
NUMERO DE METAS LOGRADAS CON ÉXITO	2 - 3	1 - 2	1	0

¡Ah!
¡No te olvides del torbellino!

En la ejecución hay un enemigo día con día que no, nos deja concentrarnos en lo realmente importante y este,
Lo llamamos el torbellino.

Es la enorme cantidad de energía necesaria sólo para hacer que la familia funcione en el día a día.

Irónicamente, al mismo tiempo se trata de aquello que dificulta ejecutar cosas nuevas.
Fácilmente puedes identificarlo.

Te vamos a dar un ejemplo muy simple sobre este tema, imaginemos que la meta principal o crucialmente importante que nos propusimos es: Ahorrar $2000 pesos por mes. El dinero que debimos ahorrar en el último mes, en una salida de fin de semana, se nos hizo fácil gastar porque vimos algo que nos llamó la atención y lo compramos pensando que era importante, y dejamos de cumplir con la MCI. A este torbellino es el que hacemos referencia. "Todo aquello que nos hace desenfocar de lo realmente importante".

El torbellino le impide tener la concentración requerida para hacer que su familia avance.
Una vez que usted esté consciente de esta lucha verá que se repite en todos lados, en todos los equipos que intentan ejecutar algo nuevo.

No deje que el torbellino del día a día lo desconcentre de sus objetivos y sus metas crucialmente importante. Tenemos que aprender a saber vivir con el torbellino, más no dejar que el torbellino nos guíe a nosotros

La ciencia ha demostrado que el ser humano está diseñado para hacer una cosa a la vez. Piense usted que va en el carro manejando, hablando en el celular, y a la vez comiendo una hamburguesa, no es posible. Ahora menos llevar a la vez múltiples metas en el hogar.

Dicen los expertos en neurociencias que cuando hacemos dos tareas al mismo tiempo, cargamos el mismo lado del cerebro, y el cerebro se vuelve más lento. Ahora imagínese llevar varias metas de la familia al mismo tiempo, con alguna va quedar mal.

La falta de enfoque incrementa la actividad del torbellino, lo confunde, lo hace perder, entonces concéntrese en lo realmente importante en el momento de definir sus metas.

Aquí te dejo un borrador que te puede servir como guía a las metas o MCI.

METAS O MCI 2018				
METAS O MCI	RESULTADO ACTUAL	RESULTADO DESEADO	FECHA LIMITE	CALIFICACION

Es muy sencillo si la meta es comprar una casa, para mejorar el estilo de vida actual, esta MCI debería ser una meta a largo plazo por todo lo que esto involucra en temas de desembolso de dinero.

Si la meta es, "Tengo que ahorrar x cantidad de dinero para comprar un celular" esta MCI la podemos clasificar como meta a corto plazo.

Muy importante mencionar que cada meta crucialmente importante debe tener mínimo un indicador que pueda ayudar a ver el desempeño real para el cumplimiento de la meta.
Las definiciones de las metas se irán formando de acuerdo al desempeño y ejecución de cada familia.

Ejemplo meta #1:   Ahorro 20XX

AHORRO	ENERO	FEBRERO	MARZO	ABRIL	MAYO	JUNIO	JULIO	AGOSTO	SEPTIEMBRE	OCTUBRE	NOVIEMBRE	DICIEMBRE
META 2018	500.0	500.0	500.0	700.0	700.0	700.0	850.0	850.0	850.0	1000.0	1000.0	1000.0
REAL 2018	500.00	450.00	300.00	500.00	650.00	650.00	850.00	700.00				

En este ejemplo definimos ahorrar cierta cantidad de dinero durante el 20XX.

Analizando el ahorro real que hemos hecho podemos observar que no cumplimos en la mayoría de los meses el monto que habíamos proyectado.
Cuando esto sucede puede ser por dos causas:
a) Porque excede nuestra capacidad disponible,
b) Porque no estamos respetando el acuerdo que establecimos.

Entonces tenemos que replantear la meta o sencillamente ser disciplinados y poner al día el monto que debió ahorrarse hasta la última fecha que se haya realizado el ahorro.

Según lo planeado hasta el mes de agosto debería tener ahorrado $5,300 y solo llevamos $4,600 entonces deberíamos completar la diferencia y seguir con la meta que ya habíamos establecido.

Ejemplo meta #2: Reducción de deudas 20XX.

VALES	ENERO	FEBRERO	MARZO	ABRIL	MAYO	JUNIO	JULIO	AGOSTO	SEPTIEMBRE	OCTUBRE	NOVIEMBRE	DICIEMBRE
60% 2018	10000	9000	8000	7000	6500	6000	5500	5000	4500	4000	4000	4000
REAL 2018	9900	9500	9000	9500	7000	6000						

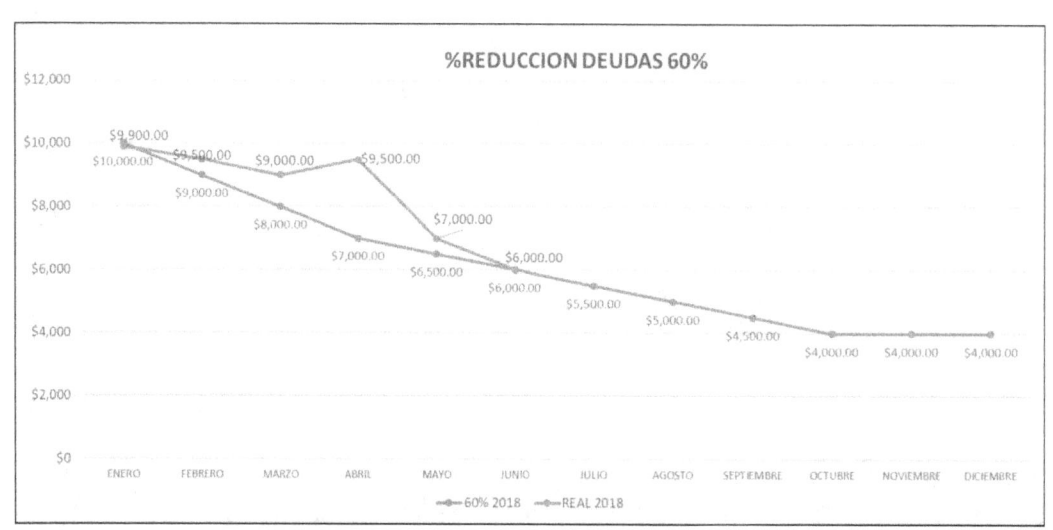

En esta segunda meta podemos observar que iniciamos con una deuda de $10,000 pesos, la cual queremos reducir hasta final de año en un 60% es decir en unos $4,000.00, según los resultados obtenidos hasta el mes de agosto solo debemos $6,000.00.

Si observamos desde el mes enero nunca pudimos lograr el objetivo, más sin embargo en el mes de junio ya nos pusimos al corriente, en lo planeado, esto significa que definitivamente se pagaron o eliminaron algunas deudas que no se pudieron eliminar antes.

Eventualmente suele pasar esto, pero no es recomendable salirse de lo ya planeado, porque igual se nos puede incrementar salir de control lo que ya habíamos analizado.

Ejemplo meta #3: **Reducción gastos chiquitos**

SEGUNDAS	YTD	ENERO	FEBRERO	MARZO	ABRIL	MAYO	JUNIO	JULIO	AGOSTO	SEPTIEMBRE	OCTUBRE	NOVIEMBRE	DICIEMBRE
META 2018	$500.00	$150.0	$150.0	$150.0	$150.0	$150.0	$150.0	$150.0	$150.0	$150.0	$150.0	$150.0	$150.0
REAL 2018		$550.00	$450.00	$300.00	$500.00	$500.00	$450.00	$450.00	$700.00				

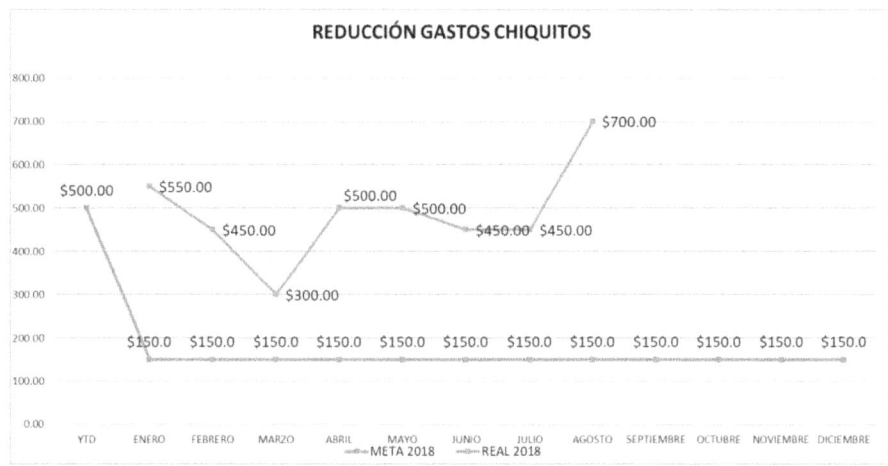

En este ejemplo vemos que se hizo el planteamiento de reducir los gastos chiquitos. El grafico dice que el año pasado se gastaba en promedio $500.00 pesos al mes en pagos chiquitos, (tiendas de conveniencia, antojos en la calle al salir de la escuela, del trabajo, etc…y para este año se llegó al acuerdo de reducir este gasto solo en $150.00 pesos al mes. Como pueden observar nunca se cumplió con lo planeado.

Este es un mal resultado. Alguien no tomo en serio la meta. En casos como estos hay que volver a replantear la meta y quizás sí es muy difícil bajar tan drástico el consumo mensual a $150.00 tal vez bajar solo a $300.00, pero les comento que en algunos casos es mejor ser más estrictos al inicio, para ver resultados más rápidos.

Como ves es súper sencillo poder iniciar con nuestras metas, solo hay que tener el objetivo claro, tener disciplina, control y seguimiento a cada una de ellas en el presupuesto.

Una vez tenga sus metas definidas, es importante dar los primeros pasos para lograrlas. Lo primero en lo que pensamos siempre es en reducir gastos y no está mal, pero los expertos comentan que debemos pensar igual en aumentar los ingresos. Hay que buscar no solo recibir dinero de los sueldos o ingresos, sino también de regalías, ventas, rentas etc.

Te invitamos a que pienses en tus metas más importantes que te gustaría tener en familia. Ya tienes idea de ¿cómo lograr un ingreso extra? Si nunca lo has pensado este es el momento.

Caminando hacia la meta.

- **Informarte y fórmate**
    - **Lee sobre finanzas**

Una forma de crecer y aprender cada día, es leyendo.

Los libros son los amigos más silenciosos y constantes; son los consejeros más accesibles y los maestros más pacientes. **-Charles William Eliot.**

La lectura es una herramienta básica para vivir una buena vida.- **Joseph Addison.**

En otro de mis tantos viajes a Nicaragua, se me antoja comprar un libro de finanzas que me llamó la atención, "Mi Pequeño cerdo Capitalista" de Sofía Macías. Una vez despega el avión saco mi libro y empiezo a leer, y algo que recuerdo perfectamente es que no quería que nadie viera el título del libro, me daba un poco de angustia lo llamativo del título y todavía no sabía si iba ser bueno o no, para mi sorpresa cuando ya aterrizamos me dice un señor que iba en la fila de al lado, señorita me puede decir el título de su libro…no lo podía creer que alguien me iba preguntar, claro con gusto y se lo pase.

Y en fin les puedo comentar que el libro es excelente. Aquí les dejo una de las enseñanzas que tuve en este "***Dejas de priorizar: como tienes más dinero, en lugar de ser más selectivo con lo que compras (como antes que pudieras), ¡te llevas todo y hasta andas cazando baratas para derrochar!***

Y es totalmente cierto cuando más ganas, más gastas y aparecen más y más compromisos que al final terminas igual o peor que cuando ganabas menos.
Por esto es lo importante de aprender, no rendirnos en la ignorancia total.

A continuación, te menciono algunas razones por las cuales deberías leer algo sobre finanzas:

- Aumentarás tu conocimiento
- Mejoran el uso de los recursos que tenemos
- Tendrás algunas nuevas ideas para crear hábitos
- Conocerás nuevas estrategias y herramientas (que te darán el soporte en este aprendizaje sobre las finanzas).
- Disminuye el tiempo (de algunos problemas donde no tenías idea como re plantearlos).

Necesitamos aprender, y hay mucho conocimiento en las buenas lecturas de finanzas. Créemelo una sola idea puede tener el potencial de cambiar nuestra vida.

Por último, para cerrar este tema la Sociedad Española de Neurología (SEN) publicó una lista de beneficios que implica para nuestro cerebro el hábito de la lectura.
- Obligamos a nuestro cerebro a pensar
- A ordenar ideas
- A interrelacionar conceptos.
- A ejercitar la memoria y a imaginar.
- Mejoramos nuestra capacidad intelectual.

Lee libros, artículos de periódico, revistas sobre finanzas en familia, y diarios en línea te orienten en las finanzas. Hay tanta información en línea que realmente no te la puedes perder.

Mira las noticias y habla con personas que sean experimentadas en la planificación financiera. Mientras más sepas sobre asuntos financieros, mejor podrás planificar el bienestar financiero de tu familia.

Tener conocimientos de educación financiera, te permitirán emprender ideas y estrategias para consolidar los objetivos propuestos.

Otros de beneficios de leer sobre finanzas:

- **Aprendemos a reducir las deudas** es uno de los aprendizajes más difíciles, pero con disciplina y seguimiento, conociendo siempre el recurso que con el que cuentas, se puede lograr.

- **Aprendemos a tener certeza sobre el dinero disponible**: Cuando hay planeación, y control del dinero disponible que tienes para invertir o pagar los gastos, no tienes la preocupación de cuándo será la fecha de pago nuevamente, Esta claridad al final significa tranquilidad para la familia, con disciplina y seguimiento al presupuesto, se aprende.

- **Aprendemos a utilizar los recursos con responsabilidad:** Esto significa que seguirás el presupuesto tal cual como fue planeado con disciplina y compromiso darás el uso correcto al dinero.

- **Aprendemos a no gastar de más:** Ya que empiezas a organizarte y todo queda registrado, gastos, ahorro, inversiones, etc… todo lo que se te antoje fuera del presupuesto lo piensas, porque ya comienzas a entender que vas a violar una regla o uno de los pasos, como es la rendición de cuentas. Que de esta hablemos más adelante.

- **Aprendemos o mejor dicho entiendes que debemos tener un ahorro para emergencias:** Este es uno de los temas más importante en las finanzas en familia, cualquier enfermedad imprevista, descapitaliza o deteriora financieramente cualquier familia. Y esto es un retroceso, cuesta mucho volver a llegar el nivel anterior donde había un poco de liquidez.

- **Aprendemos a buscar otros instrumentos financieros que te den mejor rendimiento**: Hay muchas opciones para invertir en las finanzas y nos enseñan a conocer cada una de estas oportunidades, solo tenemos que acercarnos algunos expertos y empezar hacer pequeños experimentos en la bolsa, en cetes, etc… y otro tipo de inversiones a largo plazo.

- **Aprendemos a definir los objetivos y metas:** Estableces tus objetivos y metas a lograr, las finanzas nos enseñan las estrategias de cómo alcanzar el éxito en el manejo de nuestro dinero, pero lograrlo es de nosotros.

- **Aprendes sobre el retiro:** Un buen manejo de nuestras finanzas desde temprana edad, nos da la tranquilidad de que no habrá tantas preocupaciones en términos de dinero ya que para ese momento habremos invertido y ahorrado lo necesario para nuestra vejez.

- **Aprendes sobre la importancia de los seguros:** Seguros de vida, seguros de carros, seguros de vivienda, seguros médicos. Muchos de nosotros no valoramos la importancia de tener estos seguros. El desembolso de contratación de alguno de ellos nunca superara el tamaño del problema que pueda llegar a enfrentar.

En este punto hago un paréntesis, y les comparto un lo que nos sucedió hace un año. De ahí el mérito que le doy al conocimiento de las finanzas en familia, ya que si no hubiéramos estado preparados la historia sería otra.

Eran las 12:00PM del 20 septiembre del 2017, me dice Luis mi esposo, Ana los vecinos del frente están despiertos sacando agua de su casa, para esto había llovido bastante en la ciudad que vivimos, yo le dije ¡ah! Quien sabe seguro que tienen problemas con el nivel de su casa.

Teníamos apenas 9 meses de estar en nuestra nueva casa. Que había sido una de nuestra meta crucialmente importante en los últimos años.

Al cabo de una hora, empezamos a escuchar sirenas, y alguien que tocaba el claxon o bocina de su carro muy insistentemente, le digo a mi esposo debe ser un borracho…a los 15 minutos llega un vigilante a la casa y nos dice "tienen que evacuar, abrieron las compuertas de una presa en el estado de México y nos vamos a inundar". Nos miramos mi esposo y yo, y sin pensarlo dos veces, subí por mi hijo, mi bolsa, las llaves de mi carro y vámonos. Antes de salir de la casa fue muy triste ver que, a mi casa nueva, el agua estaba ya entrando por las tuberías de desagüe…salí de inmediato con mi hijo. Mi esposo me seguía detrás en su carro.

Al salir de la casa ya el agua nos llegaba a la mitad de la llanta del carro. Hubo una parte en la calle de salida que el agua llegaba ya a la mitad de la puerta del carro. Pero gracias a Dios pudimos salir sanos y salvos. Llegando a un lugar más seguro y alto dentro del residencial, estacionamos los carros y en eso me dice mi esposo, Ana, parece que no cerré bien la puerta de la casa, voy a regresar caminando. Bueno realmente no me opuse, le dije está bien Luis con cuidado.

Cuando Luis llega a la casa ya el agua estaba a 10 cm en toda la casa, aquello parecía alberca, todavía le dio tiempo hasta de tomar un video de tragedia que nos estaba pasando. A los pocos minutos cerró la puerta y cuando quiso regresar al punto seguro, ya el agua en la calle tenía un metro y medio de altura, el equipo de protección civil que ya estaba dando los primeros auxilios no dejo que el cruzara, tuvo que regresar y subir a la barda de una casa cercana, para que el agua no se lo llevará, porque inclusive ni podía regresarse a la nuestra. El quedó varado 3 horas.

En estas horas vio pasar a varios de los vecinos que salieron luego que nosotros y no tuvieron la misma suerte, sus carros se quedaron a mitad de la salida por la crecida del agua, tuvieron ellos que salirse de los carros y regresarse a su casa.

Luis y yo manteníamos comunicación todo el tiempo, ya que el quedo varado y mi hijo y yo estábamos en un lugar más seguro, pero de repente se empezó a llenar de agua. Moví los carros a otra calle más arriba, y tuvimos que salir fuera del residencial de lo contrario, podíamos correr riesgos. Tome de la mano a mi hijo y nos fuimos con el equipo de protección civil, que ya andaba en lanchas dentro del residencial.

¡Increíble!! Esto parecía de película, no en la vida real, de repente tus sueños, tu nueva casa, parecía que se estaba perdiendo… no podía darme el lujo de dejar caer una sola lagrima, eran momentos de adrenalina puro, sobrevivir y salir con mi hijo fuera.

Eran ya las 5:00 Am, y decido llamar a unos compadres que viven cercas de nosotros, les pido asilo y nos vinieron a buscar a la entrada del residencial, parecía que se nos acababa todo allí, la gente desesperada, angustiada, desorientada, pero bueno encontré este escape y pedí asilo.

Al poco tiempo llego mi esposo igual con nosotros, a la casa de mis compadres, nos ofrecieron té calientito, desayuno, ropa seca, zapatos, todo, porque estábamos mojados de pies a cabeza. Agradeceré toda la vida esa muestra de hospitalidad de mis compadres.
Difícil de creer, pero cierto, estábamos en la calle, sin nada, solos sin familia, mi familia vive fuera de México, la familia de mi esposo vive en otro estado.

Increíble cuando pasa algo como esto, realmente entiendes que estas solo, que solo tú puedes salir o no salir.

Salimos mi esposo y yo como a las 11:00AM de la casa de los compadres a ver el panorama. Como a unos 500 metros de la casa, había un bloqueo en la calle, protección civil prohibió el paso, porque el agua había alcanzado 1,8 metros de altura.

Todos estábamos esperando ver que paso realmente dentro de nuestras casas. Duramos hasta las 5 de la tarde solo esperando ver si el nivel del agua bajaba. Pues no tuvimos la suerte, no bajo el nivel del agua.
Ahora estábamos en la calle, sin casa, sin ropa, sin familia, solos. Ni para dónde ir.

Tomamos la decisión de buscar a nuestro hijo que se había quedado en casa de nuestros compadres, el todavía no tenía idea de lo que realmente pasaría.

Lo primero que hicimos fue ir a comprar ropa, zapatos, todo para sobre vivir unos días, y quedarnos en un hotel de la ciudad hasta ver la magnitud de lo sucedido. Tuvimos que esperar dos días para ver lo que paso realmente en la casa.

Cuando llegamos nuevamente y abrimos la casa era algo impresionante, todo se movió de lugar, el comedor, los muebles de la sala en la orilla de las escaleras, el comedor, las sillas, todo, todo nado, todo se destruyó, las paredes, el piso, todo contaminado de tierra.

Yo que tuve la oportunidad de vivir desastres de ciclones en el caribe, nunca vi nada como esto antes en la casa.

Anexo algunas fotos para que aprecien la magnitud de esta catástrofe y por la que cualquier familia puede pasar.

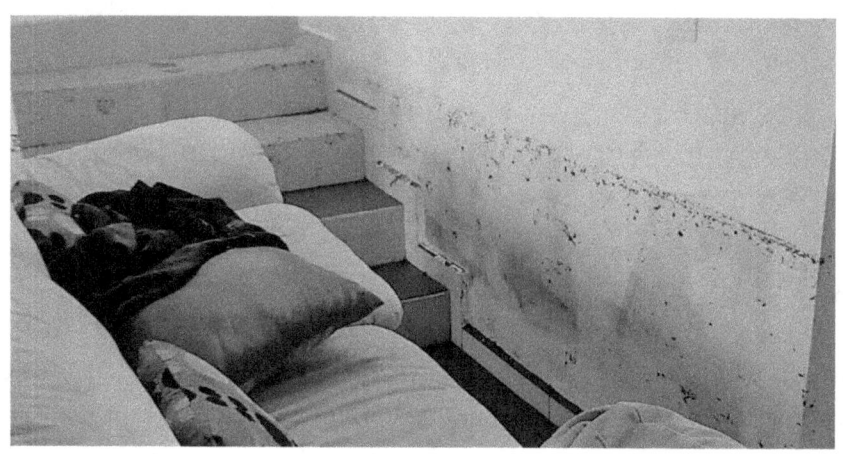

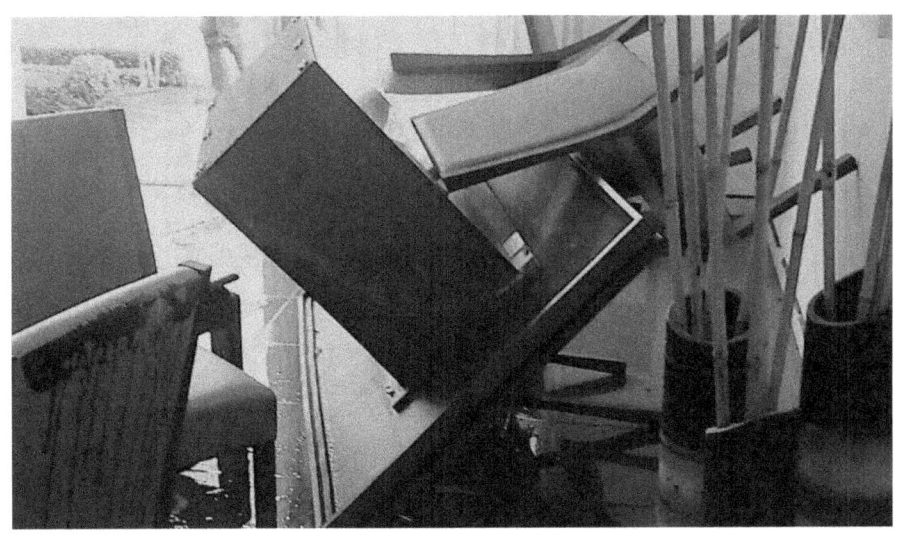

Esta fue mi casa. Tengo que agradecer igual al apoyo que nos brindó el director de la empresa en la cual trabajamos, tanto físico para remover escombros, en el acomodo del salvamento, como en limpieza de toda la tierra que había en paredes y piso.

Este desastre en nuestra casa en cuanto a mobiliario y reconstrucción en la parte baja duro aproximadamente unos 6 meses.
Pero aquí viene lo interesante y lo que realmente les quiero compartir esperando sea de ayuda y para tomar en cuenta dependiendo los objetivos de cada familia.

Nosotros si teníamos asegurada la casa. Si gracias a Dios, y a todo lo que hemos aprendido siempre hemos asegurado nuestras casas. Y pudimos reconstruir e inclusive mejorar la casa, con el pago del seguro por el siniestro.

He aquí la diferencia de cuando trabajas, trabajas en el día a día, no tienes tiempo para organizarte, para aprender en temas como este de finanzas tan delicados, porque si no proteges tu patrimonio, qué caso tiene el trabajar y trabajar.

Con una situación similar a la que nosotros vivimos cualquier familia que no haya previsto un desastre natural, sinceramente pierde todos sus años de trabajo. Y sin temor a equivocarme hay muchas familias en esta situación.

Lo importante es que nunca es tarde para empezar, quisimos compartir una parte de este desastre natural en nuestra casa (si les cuento completo, creo es tema para el segundo libro), para que los ayude a sensibilizar en temas de seguros y finanzas en familia. Pero sobre todo aprender, lo más que podamos y sino buscar ayuda.

No pequemos por ser ignorantes en finanzas, vale la pena aprender.

Toma cursos financieros, aprende sobre la bolsa, fondos de inversión, seguros, ahorro, presupuesto, es inmenso el mundo de las finanzas, no más un consejo, nunca puedes empezar a correr si todavía no sabes caminar.

Es por eso que más adelante te damos los pasos a seguir para iniciar con tu proceso básico de alineación estratégica en este mundo de las finanzas, iniciando con un presupuesto.

Otras opciones para aprender son con las aplicaciones para Smartphone y ordenadores, algunas gratuitas y otras no. Te mencionamos aplicaciones gratuitas que te pueden ayudar: Spendee, Fintonic, Mis finanzas, Mi presupuesto y un sin fin de aplicaciones que pueden ayudarte.

Nuestra invitación en este punto es que leas y te actualices, es increíble lo que aprendemos cada vez que terminamos de leer un nuevo libro.

¿Pregunta cuantos libros has leído de Finanzas?
¿Cuantos hábitos has iniciado luego de terminar un libro de finanzas?
¿Con cuantas personas hablas de finanzas?
¡Si no lo has hecho comienza ya!

- **Ahorro**

El ahorro es de vital importancia en las finanzas familiares.

Esta es la fórmula de ganadora:

INGRESOS-AHORRO = GASTOS

$$I-A=G$$

Ejemplo:

10,000 (I)-2,0000 (A)= 8,000 (G)

El ahorro debe estar presente en el presupuesto como el punto #1 a incluir, no el último. Normalmente lo que solemos hacer es pagar todo lo que debemos y al final si queda ahorramos, sino, no lo hacemos. Grave error esta no es la clave del éxito.

El ahorro debe ser lo primero que se guarde una vez se reciba el ingreso, tal cual como si estuviéramos pagando un préstamo, así igual de importante.

Y hagamos un paréntesis aquí, en la mayoría de nuestras familias cuando decimos reducir gastos, parece ser algo sumamente imposible, lo cual le puedo garantizar, es posible, todo, pero todo se puede mejorar, optimizar, o simplemente reducir el gasto.
Esta es una forma de ahorrar en el hogar.

¿Cómo así? me preguntan frecuentemente en mis platicas a parejas de matrimonios. A continuación, algunos ejemplos:

Reducción en el gasto de energía eléctrica:

Programe los días y horas de lavar y secar la ropa en casa.
La hora de prender las luces en casa después de la puesta de sol, es sumamente importante, si no es necesario tener los focos prendidos en el día, programe la hora en que se debería hacer cada día.
Si el clima te permite el retardo del encendido de los aires acondicionados, retráselos. No los tenga prendidos todo el día.
Investiga cuales de los aparatos electrodomésticos son los de más alto consumo y empieza a tomar medida al respecto.

Reducir el gasto de combustible:

No salgas de casa sin la ruta o vía más corta sobre el viaje que tengas proyectado, ya hay muchas apps que nos ayudan ahorrar y definir las rutas más cortas.
Si tu carro tiene diferentes formas de manejo utilízalas dependiendo de las necesidades. Por ejemplo, si no necesitas el modo sport en la ciudad, ahorrarías algo de dinero.
En algunas ocasiones estamos esperando por alguien con el carro encendido, si la situación climatológica lo permite, apágalo, va ahorrar algo de combustible.

Reducir el consumo de agua de forma inteligente:

A veces suele pasar que hacemos algunas actividades de higiene personal y el agua se tira, pongo el simple ejemplo de cepillarse los dientes, y el agua tirándose sin piedad.

Organice el lavado de su ropa por tipos de tela x días. No todos los días y de todas las telas.

Si tiene jardines programe el uso inteligente de riego. No porque riegue más agua el jardín estará más bonito, todo depende de la variedad de plantas que se encuentren en su jardín.

Otras formas de ahorrar.

No comprar lo que no se va consumir en las próximas dos o tres semanas, muchas veces vemos la ofertas y compramos algunos artículos de consumo hasta por 3 o 4 meses, ese dinero se pierde, al final pudo utilizarse quizás en aumentar una inversión o ahorro que le diera más rendimientos.

Más ideas para iniciar con la disciplina del ahorro:

- **Motívate con un objetivo concreto.** Sobre este tema hablamos ya en pasos anteriores.

- **Anota todos los gastos** que hagas durante un mes, pero todos, muy importante los gastos chiquitos.

- **Págate a ti primero,** es decir dentro de tu presupuesto abre un renglón con tu nombre y págate (define cuanto), deposita en una cuenta ese ahorro, hazlo como si fuera un gasto.

- **Reduce tus deudas**, como lo platicamos al inicio, hay que revisar el estado real antes de hacer el presupuesto y empezar en orden de prioridad a reducir tus deudas, esto igual es un ahorro, porque dejas de gastar y lo puedes invertir en otra cosa.

- **Auto-préstate**. Es una buena iniciativa si hay disciplina, porque muchas veces tomamos prestado y no regresamos el dinero a la cuenta de ahorro. Siempre que lo hagas cumple, los beneficios son enormes.

- **Abre una cuenta de ahorros** que no puedas tocar. Inclusive puede abrir una donde tenga algunas limitaciones de horario, esto ayuda. Algunos bancos ofrecen estos instrumentos de ahorro, por días y horas… a mí en lo particular me encantan porque no están disponibles los fines de semana, que es donde más perdemos de repente la cabeza…o mejor dicho nos endeudamos más.

- **Siempre ten una alcancía** en casa, siempre. Es un hábito en casa, todos tenemos alcancía.

Cuando hablamos de este tema del ahorro surgen muchas preguntas, dudas, sobre cómo enseñar a los niños ahorrar, o cuando le empezamos hablar sobre el dinero.

Según la UNICEF este es el marco financiero que todos los niños deben saber por edades:

La educación financiera debe iniciar desde los primeros años.

MARCO INTERNACIONAL DE LA EDUCACION FINANCIERA PARA NIÑOS Y JOVENES	
EDUCACION FINANCIERA	
NIVEL 1 NIÑOS 0-5 AÑOS	Valor del dinero, precios, ahorro, poseciones
NIVEL 2 NIÑOS 6-9 AÑOS	Necesidades y deseos, plan de ahorro, recompensas, reconocer los bancos y servicios financieros
NIVEL 3 NIÑOS 10-14 AÑOS	Consumidor informado, planificacion a corto plazo frente a largo plazo, riesgos financieros, efectos de la publicidad.
NIVEL 4 NIÑOS 15+ AÑOS	Capacidad de negociación, poder adquisitivo, tipos de interes, delitos financieros.

En la tabla anterior tienes una idea de cuando, como y que debes de asegurar para que los niños aprendan sobre el tema de las finanzas.

Aquí te enumeramos cinco consejos básicos para enseñarles a ahorrar a los niños y adolescentes

Ahorrar en familia. Investiga en tu entidad financiera si tienen una cuenta de ahorros para menores de edad. Esto con dos propósitos, primero aprender ahorrar, y segundo que ya empiece a tener historial crediticio.

Habla sobre finanzas. No pierdas la oportunidad de comentarles temas interesantes sobre finanzas. Como pueden ahorrar, empezar a crear historial crediticio, su importancia, etc. Muéstrales cómo cambian los precios de un lugar a otro, las ventajas de comprar en una sola exhibición, e inclusive ahorrar para luego comprar.

Pago o incentivo fijo. Trata de remunerar alguna actividad extra que no se parte de su responsabilidad en casa. Hay quienes dan una regalía semanal algunos niños por lavar el carro. Otros dan una cantidad fija cada semana para que el niño administre el dinero de la merienda en la escuela y la parte proporcional ahorrar cada semana, claro supervisando y dando ejemplo en familia.
Esta es una de las opciones que da mejores resultados.

Obséquiales una alcancía, pero a la vez compra la tuya propia. Este hábito es de vital importancia para los niños, y son muy bien aceptados, lo disfrutan siempre y cuando los papas acompañen en el reto de "Quien llena primero su alcancía". Les puedo decir que terminamos una e iniciamos la próxima.

Ya cuando tienen un poco más de madurez les puedes enseñar a llevar un registro de sus gastos. Esto igual los sorprenderá y los ayudará en su educación financiera desde pequeños.

Además de estos consejos hay mucha información disponible para todos, sobre el tema financiero y los niños, en internet. En plataformas como Amazon igual tienen un mundo de información que consultar, leer y aprender.

Hace ya algunos años fui invitada en el kínder a tener una dinámica con los compañeros de salón de mi hijo, todos los papas teníamos que hacer una dinámica y compartir con los niños, como parte de su aprendizaje. No lo pensé dos veces, dije, esta es la oportunidad para enseñarles sobre el ahorro y así lo hice.

Eran niños de 4 años escuchando datos, información sobre el dinero, su valor, el ahorro y como regalo, pintando su propia alcancía para iniciar el hábito de ahorro, fue realmente emocionante esta oportunidad que nos brindó la vida.

Y lo más gratificante ver la cara de estos angelitos atentos a la explicación y disfrutando al pintar su propia alcancía.

La educación financiera en los niños es sumamente importante. Nadie nos enseña, y muchos aprendemos a la fuerza y cuando perdemos la ignorancia sobre las finanzas, nos damos cuenta de todo el tiempo que hemos perdido.

Volvemos a uno de nuestros primeros comentarios, tenemos que educarnos y ser disciplinados, de lo contrario esto del ahorro no se da.

Te proponemos trabajes en elabora un calendario de ahorro.

Este calendario de ahorro definirá lo que debes ir ahorrando cada día, es posible que tus ingresos sean diarios, semanales o mensuales, puedes adaptar el calendario con la periodicidad que necesites y el tiempo que definas.   Este solo es un ejemplo:

IDEAS CALENDARIO DE AHORRO X NIVELES					
DIAS	NIVEL 1	NIVEL 2	NIVEL 3	NIVEL 4	NIVEL 5
Día 1	5	10	20	50	100
Día 2	10	20	30	60	120
Día 3	15	30	40	70	140
Día 4	20	40	50	80	160
Día 5	25	50	60	90	180
Día 6	30	60	70	100	200
Día 7	35	70	80	110	220
Día 8	40	80	90	120	240
Día 9	45	90	100	130	260
Día 10	50	100	110	140	280
Día 11	55	110	120	150	300
Día 12	60	120	130	160	320
Día 13	65	130	140	170	340
Día 14	70	140	150	180	360
Día 15	75	150	160	190	380
Día 16	80	160	170	200	400
Día 17	85	170	180	210	420
Día 18	90	180	190	220	440
Día 19	95	190	200	230	460
Día 20	100	200	210	240	480
Día 21	105	210	220	250	500
Día 22	110	220	230	260	520
Día 23	115	230	240	270	540
Día 24	120	240	250	280	560
Día 25	125	250	260	290	580
Día 26	130	260	270	300	600
Día 27	135	270	280	310	620
Día 28	140	280	290	320	640
Día 29	145	290	300	330	660
Día 30	150	300	310	340	680
Día 31	155	310	320	350	700
TOTAL	2480	4960	5270	6200	12400

La importancia de ahorrar en la familia es pensando en las necesidades del mañana y no pagar más del costo real de un artículo.

Ahorrar es una de las mejores iniciativas que podemos tener, es la mejor solución, ya que nos ayuda a salir adelante estableciendo un cronograma de ideas y de cosas importantes que queramos hacer, solo es cuestión de adquirir conocimiento, disciplina y saber que esto, es una gran inversión que solo busca una mejor calidad de vida en la familia en todos los aspectos, salud, financiero, social, espiritual.

Lo más importante es la disciplina, de cumplir lo propuesto.

Ahora bien, la regla de oro según los expertos en ahorro es que toda persona debe ahorrar una parte de los ingresos recibidos, esta es la clave. Ya usted deberá definir el % que puede ahorrar, mientras más incrementa este % de ahorro, mayores serán los beneficios.

Otra recomendación importante es generar ingresos adicionales, los ingresos adicionales les ayudaran a cumplir con algunas metas que se veían a largo plazo o inalcanzables.

¿Y tú tienes tus ahorros? La tarea de este punto es iniciar con tus ahorros o incrementar los que ya haces. Deberían ser la prioridad.

- **Lo urgente y lo no urgente.**

Es sumamente importante saber diferenciar lo urgente de lo no urgente en el tema de finanzas.

Cuando empieces a definir tus objetivos y metas crucialmente importantes debes tener en cuanta cuáles son tus prioridades y cuáles no, en cuanto al tema de dinero se refiere.

A continuación, un ejemplo de cómo enfocar lo urgente de lo no urgente.

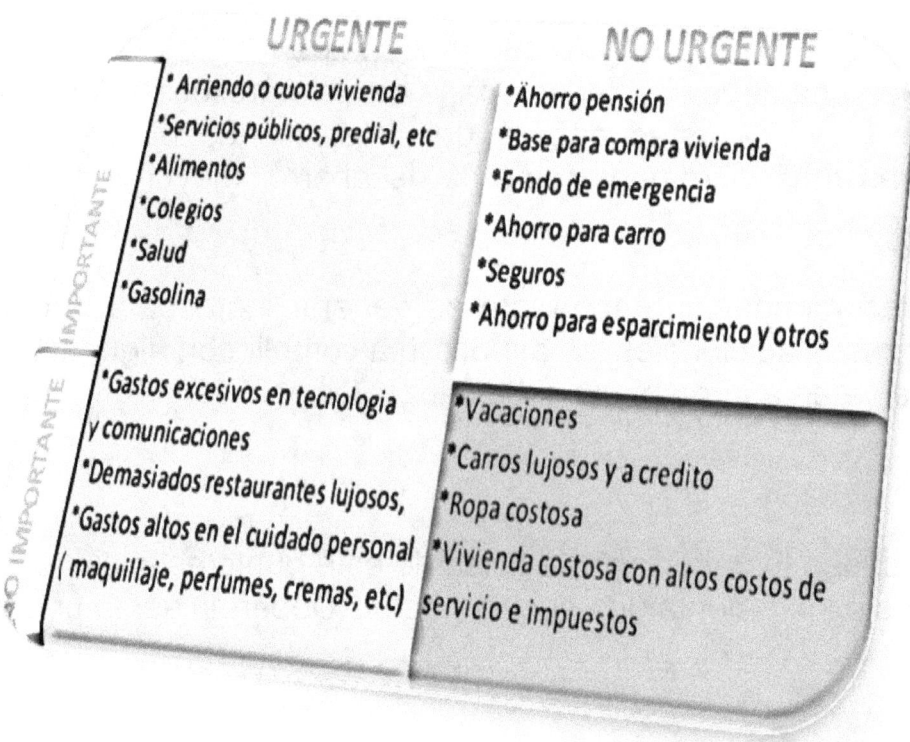

Más adelante te mostraremos algunas herramientas para identificar las fortalezas y debilidades, cuando identificas tu estado actual antes de iniciar con los planes de mejorar las finanzas en el hogar o familia.

Sugerencias en este punto;
Define lo urgente y no urgente, para que puede enfocar correctamente tus objetivos y lograr tus metas crucialmente importantes.

Dependiendo del nivel socioeconómico de cada familia cambian las clasificaciones de lo importante-urgente y lo no importante-no urgente.

- **Define la estrategia**

La inteligencia Emocional en las finanzas

Cero Emociones

Las emociones y las finanzas no se hablan. Las decisiones sobre dinero hay que tomarlas con el corazón frio.
Las finanzas no tienen nada que ver con las corazonadas y cosas por el estilo. Se debe aprender a razonar fríamente en asuntos de dinero, analizando los pros y contras de todas las inversiones, ahorro, gastos, etc.

Como todos sabemos la inteligencia emocional es la capacidad que tiene cada individuo de conocer sus propios sentimientos y los de otras personas, de manera que los pueda manejar adecuadamente, esto dice Daniel Goleman en su Libro de la Inteligencia Emocional.

Es normal, casi a todos nos han educado simplemente con la idea que la educación financiera solo tiene que ver con números lógicos, presupuestos, estrategias y rendición de cuentas. Muy lejos de las emociones, pero no es correcto, las emociones también son una parte fundamental en las finanzas familiares.

A continuación, te hago unos ejemplos, donde puedes identificar fácilmente los estados emocionales por los que todos muchas veces pasamos, no sabemos identificarlos, no tomamos las medidas de lugar, más bien lo obviamos y luego llega el arrepentimiento.

Ejemplo #1

El momento donde estamos ganando un buen salario, tenemos todo lo necesario, es un momento donde la emoción principal que puedes identificar es un estado emocional de felicidad, alegría, bienestar, estoy logrando todo, me va muy bien, me puedo comprar lo que necesito, no tengo problemas, puedo viajar, etc.

Sucede en la mayoría de los casos, que en los tiempos de abundancia nunca pensaste que podían llegar a su fin y no te preparaste con algún fondo de emergencia, que permita seguir esta estabilidad que ya habías logrado. Y si esto llega a suceder te encuentras en un estado emocional triste, de frustración, derrotado.

Sin embargo es ahí donde tenemos que hacer un alto y analizar claramente nuestros propósitos, para no tener resultados inesperados.

Según los expertos: El control Emocional en los pequeños momentos de cada día hace una gran diferencia en el largo plazo.

Ejemplo #2

En este caso, queremos comprar un último celular de moda el IPhone XX, en el momento de la decisión de compra tenemos todas las justificaciones del porque si lo necesito. Normalmente estamos en un estado de soberbia, orgullo o vanidad. Lo peor del caso es que este celular, que compramos sin pensar un poco más en si era o no lo que realmente necesitamos, un día común y corriente sin querer lo pierdo, si yo Ana lo pierdo. Estaba leyendo un libro y de repente empecé a preguntar a todos en la casa, ¿Alguien vio mi celular?, no, no, lo hemos visto, por favor llámenme a ver si lo encuentro, y nada.
Después de una hora más o menos recordé y dije ¡No! mi celular, resulta que puse a lavar unas camisas y en ese momento llevaba un libro y mi celular con las camisas, puse la carga y vámonos...sí

lavé mi celular por todo el ciclo de la lavadora y lo perdí. Y ahí quedó todo. Imagínense la emoción de enojo, impotencia que ese momento tuve, claro si hubiera utilizado la inteligencia emocional desde el principio, (en no emocionarme con la compra innecesaria de un celular tan costoso), quizás no se hubiera perdido ese dinero.

Igual en muchos casos nos enfrentamos a situaciones de estrés, donde la mente tiende a cerrarse y no vemos claro.

Es precisamente en estos momentos donde recomendamos que usted no debe no tomar ninguna decisión que comprometa su futuro por semanas, meses o años haciendo ricos a otros y empobreciéndose usted.

Los invito a trabajar en algunos aspectos que engloban la inteligencia emocional como son; la automotivación, la perseverancia, el manejo de las frustraciones, el control de los impulsos, la regulación de nuestros propios estados de ánimo para evitar que la angustia interfiera con nuestras facultades racionales y, por último, la capacidad de confiar en los demás.

En la medida que usted domine o controle su estado emocional los resultados en las finanzas irán mucho mejor.

Mientras más sereno se encuentre antes de tomar una decisión financiera mejores resultados obtendrá, recuerde siempre "corazón frio".

Y vale la pena recordar unas frases de los libros de Ismael Cala, *"La vida es como un tablero de ajedrez hay que mirarlo desde arriba para pensar la estrategia a seguir. Observa y escucha con visión global, si te distraes...JAQUEMATE."*

Como no recordar en aquel viaje a Nicaragua cuando veo en el aeropuerto un libro de Ismael Cala titulado "El analfabeto Emocional" y digo, ¿cómo así?, como que Analfabeto Emocional, pues si, déjenme decirles que así suele ser, es más fácil como dice Ismael que a un niño de 4 años le enseñemos a no tragarse la pasta dental porque le hace daño, que enseñarle acerca de las emociones, lo que es el amor, la ira, el odio, la rabia, la tristeza, etc... entonces tiene razón el autor somos analfabetos emocionales hasta quitarnos la máscara de la ignorancia y aprender a controlar nuestras emociones. Es lo mismo en las finanzas.

En la inteligencia emocional nos referimos realmente al control de las emociones de una forma inteligente. Haciendo uso de la capacidad de entender, sentir, controlar y saber modificar nuestros estados de ánimo en uno mismo y en los demás, dando por consiguiente el control de las emociones.

Los expertos en el tema como Goleman hablan de 4 pilares fundamentales que sirven como las herramientas para un buen uso de la inteligencia emocional e igual aplicables para un mejor desempeño en las finanzas en familia.

1. **Conocimiento de uno mismo.**

    Una de las tareas más difíciles es conocernos nosotros mismos. Cuantas veces somos conscientes de observar nuestras reacciones en las diferentes situaciones que surgen en todo un día, desde el momento en que nos levantamos, desde ese primer momento, ¿cuál es la actitud con la que despierto?, ¿Cuáles fueron las cosas que nos chocaron de otras personas y como reaccionamos ante cada situación? Tenemos que encontrar lo que nos hace sentir feliz con nosotros mismos y con los demás.

    Para lograr este autoconocimiento de uno mismo, te proponemos llevar contigo un pequeño cuaderno, para ir identificando desde que abras los ojos en la mañana cual es la actitud con la que inicias tu día. Y anotar cada una de las emociones, sentimientos, creencias y pensamientos en las diferentes situaciones que sucedan durante todo el día.

    Una vez identifiques cada una, vas a poder tomar conciencia de cómo eres realmente y este conocimiento te ayudará a empezar a controlar tus emociones de manera efectiva.

    Es increíble cada una de las historias que nos platican las familias o parejas cuando realizamos esta dinámica, siempre terminamos sorprendidos de todo lo aprendido. Es exactamente lo que experimentarás si lo haces.

2. Empatía

La palabra empatía es de origen griego *"empátheia"* y significa "emocionado". Me encanta está palabra y su significado es bien comprometedor. La empatía es la capacidad de percibir, compartir y comprender (en un contexto común) lo que otro ser puede sentir.

Somos empáticos con nuestra familia cuando hacemos lo siguiente:

- Ayudamos en su evolución o desarrollo.
- Entiendes a cada uno de los integrantes.
- Dispuesto a servir sin esperar nada a cambio.
- Aprovechamos los beneficios de la pluralidad en el hogar

"Los puntos de vista encontrados entre generaciones, sobre todo en el ambiente familiar, son normales. Nunca deben convertirse en "conflictos" que dividan y alimenten roces ásperos". Esto menciona Ismael cala en unos de sus títulos Empatía familiar.

Y en el tema de finanzas es muy común que se generen conflictos, es aquí la importancia de practicar con nuestra familia la empatía.

¿Te has preguntado alguna vez si eres empático? ¿Logras entender porque los demás se sienten de una y otra forma? Haz un ejercicio cuando estés en casa y busca la forma de ser empático, no te enganches por falta de inteligencia emocional.

3. Regulación Emocional

Es la habilidad de evaluar o realizar ajustes en el estado emocional interno, va de la mano con el conocerse a sí mismo, si no nos conocemos a nosotros mismos, es imposible conocer lo que nos va llegar o vamos a recibir de acciones externas o internas de nosotros mismos.

Más sencillo aún alguno de nosotros cuando hemos practicado la natación debajo del agua, tenemos que controlar la respiración, para evitar ahogarnos, o igual cuando estas cantando en el Karaoke tratas de controlar tu voz para que la imitación se acerque más al artista, es exactamente lo mismo con la regulación emocional.

Entonces podemos concluir que las familias emocionalmente inteligentes se diferencian del resto ya que piensan antes de actuar y controlan su impulsividad.

En la actualidad las empresas no contratan personal sin estar seguros que el colaborador este bien emocionalmente. Es como leí en aquel libro "El Japonés que estrello se tren por ganar tiempo" del autor Gabriel Ginebra, este conductor técnicamente era intachable por los conocimientos que tenía, y después de muchas investigaciones se descubrió que una de las causas raíces de su error fue porque emocionalmente no estaba equilibrado.

En pocas palabras aquella persona que administra el dinero, no solo debe tener los conocimientos suficientes sobre las finanzas, sino también tener un buen control sobre sus emociones. No cualquiera por muchas ganas que tenga es apto para administrar las finanzas de la familia.

"La mayoría de la gente invierte el 95% con los ojos y sólo el 5% con la mente. A menudo compran de manera emocional, en vez de hacerlo racionalmente".

Entonces con más razón re afirmamos que las decisiones financieras no deben tener ninguna relación con emociones.

Uno de los errores que la gran mayoría de nosotros comete es que compramos algo por la moda, porque es la última tecnología, porque todos tienen, ¿? ¿Aquí cuál fue el análisis previo? Quizás ninguno, como todos tienen yo igual quiero tenerlo. Grave error.

Por el contrario, si estuviéramos emocionalmente estamos equilibrados deberíamos decir" Entiendo que me gusta el nuevo carro XXX versión 2018, más sin embargo voy analizar si puedo hacer la inversión o sino necesito el dinero para hacer otras inversiones-ahorros que me dejen más dinero" o en su caso en este momento no puedo endeudarme porque si tomo la decisión estaré comprometiendo mi salario por 36 meses y entonces no estaré trabajando para mí, sino para el que tiene más.

Dependiendo del caso analizado sin emociones tendremos los resultados esperados.

Es muy importante entender que cada familia es responsable de su estado financiero. Nada externo puede cambiar, lo que usted ha dejado de hacer para tener éxito. En pocas palabras si no le invertimos en mejorar la situación actual, no vamos a tener los resultados que estamos esperando.

Sugerencias haga un análisis de su estado de ánimo antes de tomar una decisión financiera de usted o su familia.
Igual identifique cuantas decisiones ha tomado y cuál ha sido su estado emocional al momento de tomar la decisión que compromete a su familia.

Recuerda hacer uso de la Inteligencia Emocional.

- **Diseño de una estrategia como familia**

Si preguntamos a los que administran el hogar

¿Cuál es el propósito o estrategia financiera de este año? y ¿Hacia dónde quiere dirigirla en el mediano o largo plazo?

Es muy probable que las respuestas a estas preguntas estén más o menos claras en la mente del que administra, y quizás en el resto de las personas del Hogar y familia no es así.

Pero es poco común que se tenga un **PROPÓSITO, UN OBJETIVO** claro y preciso que responda satisfactoriamente a estas preguntas.

Normalmente al comenzar un nuevo año todos hacemos propósitos de bajar de peso, de cambiar de trabajo, pero pocas veces pensamos en los propósitos financieros.

Estos son igual de importantes porque van a definir la calidad de vida a llevar en nuestro hogar.

Y es posible que cuando tomemos la iniciativa, todos tenga una idea totalmente diferente de propósito.

Como consecuencia encontramos una familia así:

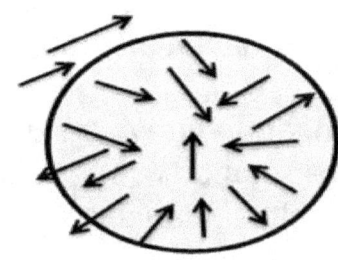

Donde la administración del Hogar, y el resto de la familia, tienen su propia versión del propósito y objetivos de la familia, o en algunos casos no tienen ninguna.

Es decir, en esta figura del círculo anterior podemos ver una familia donde los esfuerzos no están sumando para lograr un propósito, sino que todos tienen propósitos diferentes, entonces es sumamente difícil poder logar objetivos financieros sanos con este esquema.

Podemos visualizar fácilmente este ejemplo en un equipo de futbol, el propósito que todos tienen es meter goles, y para ello todos trabajan, llevan ciertas estrategias, se apoyan unos con otros y al final logran su objetivo, así de esta misma forma deberían funcionar los objetivos o propósitos de la familia.

En la familia llámese mamá, papá e hijos si llevan sus objetivos o propósitos solo para tener éxitos individuales, no se está asegurado el éxito financiero, y los resultados de éxitos serán difíciles de alcanzar.

Algunas ideas de Propósitos:

- Eliminación de deudas
- Ahorra en todo.
- No comprar en pagos pequeños
- Re planteamiento de las deudas, evitando pagar menos intereses y dinero a largo plazo.
- Asegurar un fondo de emergencia
- Adquirir seguro de gastos médicos y gastos mayores
- Eliminar los gastos pequeños, (recuerden aquella frase del inicio cuidemos los centavos, los pesos se cuidan solos).
- Busca un motivo para ahorrar, casa, carro, universidad, retiro, etc…
- Administrar correctamente los ingresos que recibes

- Igual da la oportunidad de tomar riesgos medidos, como el comprar algo que este dentro de tus posibilidades, que aun comprándolo no te sientas presionado por falta de dinero en algún momento.
- Evitar secretos financieros en la familia.

Hagan el ensayo y pregúntenle a la persona más cerca que tengan ¿cuál es su propósito u objetivo financiero como familia? Les aseguro que son muy pocas las familias que saben hacia donde se dirigen.

Y esto no puede ser, imaginase usted en una parada de autobús se sube, y luego que está arriba no sabe a dónde va, igual nos pasa en casa, no sabemos dónde vamos financieramente, y lo más incongruente estamos todos juntos luchando por algo que no sabemos.

La consecuencia lógica de la falta de objetivo común es:

El avance lento y costoso de las finanzas en el Hogar.

Intentos aislados en algunos miembros de la familia, a fin de agilizar y alcanzar sus objetivos individuales.

Este es el patrón más común en las familias, porque todos buscamos individualmente algunos objetivos, sin previamente haber hecho un análisis de la situación actual de la familia, los ingresos, los gastos, y todo aquello que afecta el estado financiero del hogar.

Es como una de las primeras anécdotas que les comenté, yo soñaba con el viaje a Miami y había perdido de vista el objetivo principal de nuestra familia, quizás todos estábamos pensando en algo muy diferente.

Sin embargo, en el mediano y largo plazo llega el cansancio y la frustración al constatar que no se puede avanzar efectivamente hacia el cumplimiento de los objetivos solamente de algunos de los miembros, pues probablemente el resto de los miembros del hogar persigan objetivos diferentes.

Esta frustración puede terminar con la armonía en el hogar.

¿Entonces qué hacer, cómo empezar?

Tenemos que aplicar la estrategia para alcanzar los objetivos trazados en el ámbito familiar, a través de una comunicación eficiente entre todos sus miembros.

1. Definir un Objetivo o Visión- Un objetivo financiero ha debe ser concreto, alcanzable y delimitado en el tiempo. Es la parte más importante en el plan financiero.

Un propósito da el verdadero sentido a lo que hacemos.

2. Que todos conozcamos y entendamos el Objetivo.

En esta parte todos tienen que cooperar, una vez definido el objetivo todos deben trabajar por el logro de estos propósitos, que ya dejan de ser individuales y se convierten en objetivos de familia.

3. Hacer Planes y estrategias que permitan lograr el objetivo.

Existe un conjunto de herramientas que nos ayudan a mejorar nuestra calidad de vida financiera, sobre todo, a conseguir nuestras metas y objetivos, en nuestras finanzas en familia.

- **Registra todos tus gastos**
- **Ahorra**
- **Reduce o elimina tus deudas**
- **Elabora un presupuesto**

El FODA como lo definen sus siglas es una herramienta a través de la cual podemos identificar las Fortaleza, oportunidades, debilidades y amenazas en cualquier proyecto u objetivo.

Igual este puede ser de mucha ayuda para el mejor enfoque en las finanzas en el hogar.

Buscando llegar a nuestro propósito, los invito a que juntos realicemos primero un FODA de nuestra familia.
A continuación, un ejemplo:

FORTALEZAS	OPORTUNIDADES
1- Unidad familiar	1-Avances tecnologicos
2- Habilidad para comunicarse	2-El internet de las cosas
3-Dispuestos a compartir responsabilidades	3-Avances en la educación
4-Comparten un sentimiento religioso o espiritual	4-Organización financiera
DEBILIDADES	AMENAZAS
1-Falta de empatía y comprensión	1-La descomposición familiar
2-Falta de respeto de los unos a los otros	2-Omisión a la verdad
3-Desigualdad o trato injusto con alguno de los miembros	3-El mal uso del dinero
	4- Falta de interés en actualizacion profesional

Ya identificadas sus fortalezas, oportunidades, debilidades y amenazas, pasemos a realizar el estado actual de la familia con ayuda de la planeación estratégica.

Ahora debe hacer el análisis de la situación actual de la familia, es decir describe la fotografía actual de comportamiento del Hogar y la familia, en sus diferentes aspectos, para posteriormente planificar su mejora.

A continuación, un ejemplo:

		INGRESOS TOTALES	10,000 AL MES
ASPECTO	SITUACION ACTUAL	DESGLOSE INGRESOS	
ALIMENTACION	MUY POBRE EN LA VARIEDAD DE ALIMENTOS	$3,000.00	
CUIDADO PERSONAL	CON FALTA BASICA DE VESTIMENTA	$500.00	
EDUCACION	EXCASES RECURSOS PARA BUENA EDUCACION HIJOS	$1,800.00	
SALUD	SIN FONDO DE EMERGENCIA PARA CUALQUIER ENFERMEDAD QUE SE PRESENTE	$0.00	
SOCIAL-PROFESIONAL	FUERA DE LA COMPETENCIA POR FALTA DE ACTUALIZACIÓN	$0.00	
TECNOLOGIA	POCOS AVANCES TECNOLOGICOS EN CASA	$500.00	
VIVIENDA	COSTO DE RENTA MENSUAL	$3,200.00	
OTROS	GASTOS PEQUEÑOS	$1,000.00	
		$10,000.00	

Si no sabemos cómo estamos realmente, no vamos a poder iniciar el plan de mejora. Con esta foto inicial tienes el punto de partida para la implementación de tus planes.

Posiblemente es solo una foto del FODA, detrás de todos los aspectos que estamos revisando en el ejemplo hay un sin número de temas que no se describen aquí, y que más adelante haremos mención cuando elaboremos el presupuesto.

PLANEACION ESTRATEGICA DE LA FAMILIA

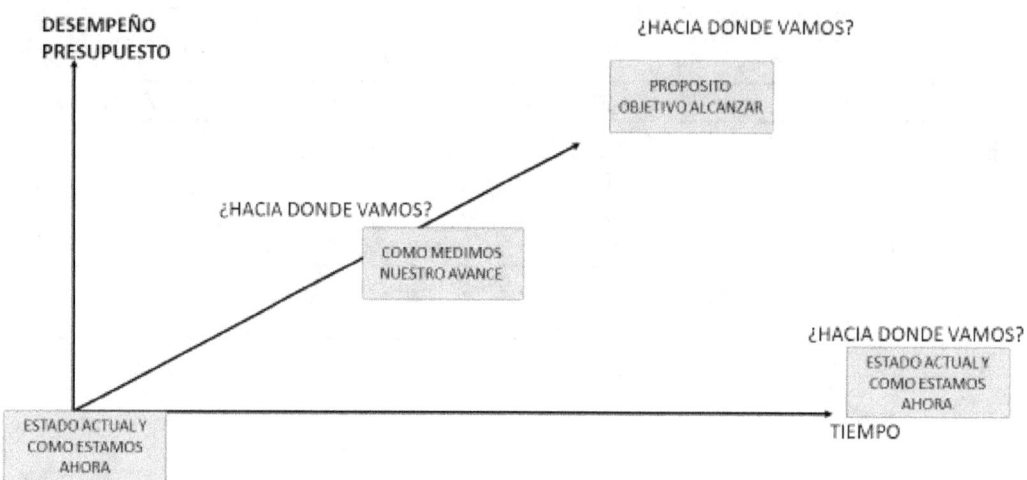

Una vez definido el Objetivo, ya no solo el administrador sabe el camino, sino que los miembros de la familia igual empiezan a tomar la misma dirección.

Podemos observar gráficamente el proceso, donde en un inicio todos tenemos propósitos diferentes y realmente es difícil lograr concretarlo sin el apoyo completo de la familia, poco a poco vamos comunicándonos, organizando las estrategias, haciendo compromisos con tiempos definidos y vemos al final ya va quedando más claro, que todos debemos seguir juntos por lo menos el propósito o los propósitos principales de la familia.

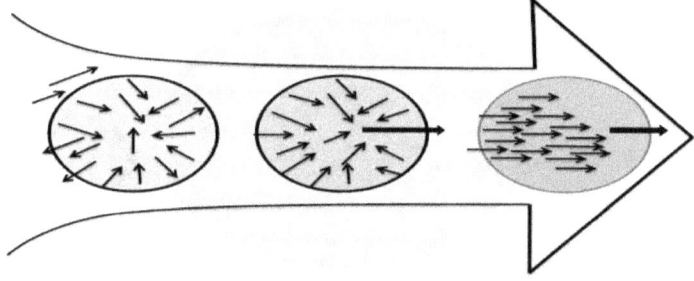

Sugerencias en este punto define tus propósitos u objetivos en las finanzas de tu familia. Y asegúrate que todos vayan en la misma dirección.

Es de suma importancia que todos los miembros del hogar conozcan el objetivo. Claro es probable que existan dos o tres crucialmente importantes y serán los que marquen el rumbo a seguir.

A continuación, un ejemplo:

OBJETIVO - VISIÓN HOGAR 2018

SER RECONOCIDOS COMO UNA DE LAS FAMILIAS MAS ESTABLES FINANCIERAMENTE, EN CUMPLIMIENTO Y COSTO, RESPALDADOS POR LA MEJORA CONTINUA EN NUESTRO HOGAR Y EL DESARROLLO Y COMPROMISO DE NUESTRA FAMILIA.

Palabras Clave de la Vision

- RECONOCIDOS COMO LA MEJOR.
- COSTO Y CUMPLIMIENTO.
- MEJORA CONTINUA DE NUESTRO HOGAR.
- DESARROLLO Y COMPROMISO DE NUESTRA FAMILIA.

Como pueden observar, la familia es la empresa más importante que tenemos. Y por consiguiente debemos buscar el apoyo de herramientas y protocolos que nos ayuden a conseguir esos objetivo y metas que ya hemos definido.

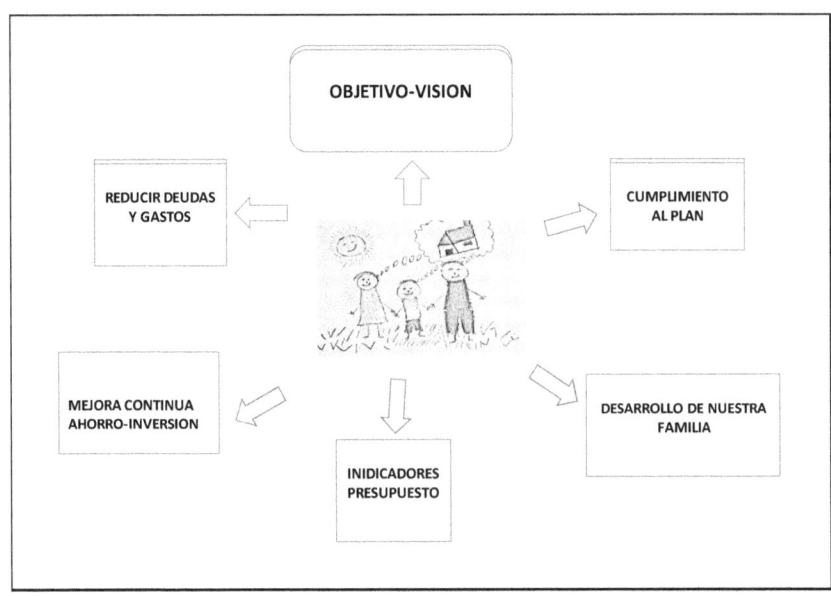

Como cualquier empresa, la familia debe estar siempre tratando de mejorar sus ingresos, no solo a través de aumentos salariales, sino también con actividades secundarias (como inversiones, emprendimientos paralelos, etc.).

Por otro lado, generando eficiencias para reducir sus gastos, de tal forma que se incrementa constantemente su capacidad de ahorro.

Al igual que cualquier empresa, es importante cada año fijarse metas de ahorro, pues esto nos permitirá tomar las acciones en favor de lograr esos resultados.

El propósito de la planeación familiar es mantener los recursos y actividades enfocados sistémicamente en el cumplimiento del objetivo definido por la familia.

Ahora bien, estos objetivos (como los de cualquier empresa) deben ser siempre alcanzables, pues de lo contrario, pueden generar un estrés innecesario en la pareja y los hijos.

- **Alineación de esfuerzos y objetivos comunes**

En este punto me refiero a Mantener los recursos, actividades y esfuerzos enfocados sistemáticamente en el cumplimiento del Objetivo o Visión definida por la familia.

Para llevarlos a cabo debemos definir:
Desarrollo de indicadores
Asignación de responsabilidades
Rendición de cuentas.

¿Qué son los indicadores y para qué sirven?

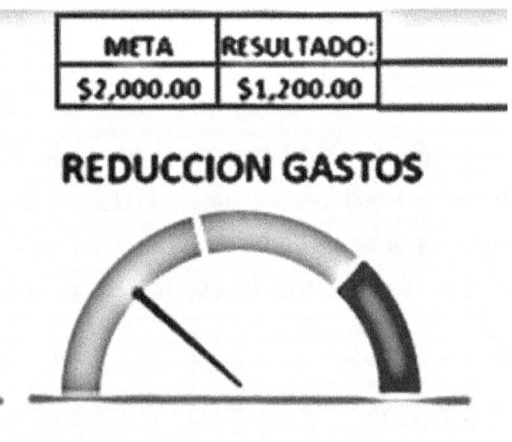

Los indicadores de finanzas en la familia, son herramientas que se diseñan utilizando la información financiera de la familia, las cuales son necesarias para medir la estabilidad, la capacidad de endeudamiento, liquidez, los rendimientos y las utilidades de acuerdo a las metas establecidas.

Es muy sencillo, así como podemos ver en el tablero de nuestro carro que cantidad de combustible tenemos para el trayecto que vamos hacer, de igual forma funcionan los indicadores en la ejecución de los objetivos financieros de la familia.

Sí somos disciplinados y nuestro tanque de combustible siempre está lleno o por encima de medio, sabemos las distancias podemos recorrer. Tenemos el control de llegar a nuestra meta.

Pero muchas veces nos pasa, así como el tablero de indicador de la gasolina, casi nos estamos quedando sin combustible y todavía seguimos manejando. Es muy importante estar atentos a cada uno de los indicadores financieros en la familia, para evitar fallar en las metas propuestas.

De igual manera si la meta crucialmente importante es comprar una casa y los indicadores de ahorro no muestran el avance, nuestra meta se verá afectada, ya que los resultados de los indicadores no son positivos, y es aquí donde debemos empezar a delegar responsabilidades y quienes harán la rendición de cuentas.

A continuación, les menciono los principales indicadores de las finanzas que debemos tener pendientes en la familia:

Gastar menos de lo que recibe. Este indicador queda implícito o registrado en el nivel de endeudamiento que tenemos. Pasa que muchos gastamos más de lo que recibimos y este es uno de los primeros indicadores que muestran que su salud financiera no va por buen camino.

Pagar las deudas. El cumplimiento a este indicador lo vemos con frecuencia en el pago de préstamos para la vivienda, para carros, donde no podemos fallar la cuota, o en aquellos como el pago de las tarjetas de crédito que pagamos solo una parcialidad, pero en tiempo.

Ahorro liquido o largo plazo. Estos indicadores como el ahorro liquido lo podemos ver en la cantidad de dinero suficiente que tengas ahorrado para vivir mínimo seis meses. Y el ahorro a largo plazo lo puedes ver en la compra de una casa.

Para construir los indicadores tenemos que tener presente:

a) Establecer las definiciones estratégicas como referente para la medición **"Reducción de gastos chiquitos"**

b) Establecer las áreas de desempeño relevantes a medir **"Gastos chiquitos" su clasificación**.
   - Tiendas de conveniencia
   - Salida del trabajo
   - Salida escuela
   - Etc…

c) Formular el indicador

d) Recopilar los datos

INDICADOR GASTO TIENDA CONVENIENCIA

SEMANAS	SEMANA 1	SEMANA 2	SEMANA 3	SEMANA 4	SEMANA 5	SEMANA 6	SEMANA 7	SEMANA 8	SEMANA 9	SEMANA 10
TIENDAS CONVENIENCIA	100.0	125.0	156.0	180.0	223.0	205.0	300.0	250.0	345.0	248.0
OBJETIVO	100.0	100.0	100.0	100.0	100.0	100.0	100.0	100.0	100.0	100.0

e) Establecer las metas o el valor deseado del indicador y la periodicidad de la medición.

f) Señalar la fuente de los datos o medios de verificación

Facturas, recibos, comprobantes, etc...
g) Evaluar: establecer referentes comparativos y establecer juicio

Retomemos el ejemplo #3 de la sección de metas. Este mencionaba la **Reducción gastos chiquitos.**

Para nosotros llevar el control y seguimiento a esta meta tenemos que definir mínimo dos indicadores que nos ayuden a tener el control, esto es parte de la estrategia a seguir.

Los indicadores para esta meta pueden ser:

- Gastos en tiendas de conveniencia:
- Gastos a la salida trabajo

INDICADOR GASTO TIENDA CONVENIENCIA

SEMANAS	SEMANA 1	SEMANA 2	SEMANA 3	SEMANA 4	SEMANA 5	SEMANA 6	SEMANA 7	SEMANA 8	SEMANA 9	SEMANA 10
TIENDAS CONVENIENCIA	100.0	125.0	156.0	180.0	223.0	205.0	300.0	250.0	345.0	248.0
OBJETIVO	100.0	100.0	100.0	100.0	100.0	100.0	100.0	100.0	100.0	100.0

Habíamos establecidos que el total para gastos chiquitos eran solo $150.00 de los cuales $100.00 era solo de los gastos en tiendas de conveniencia. Y no lo estamos cumpliendo.
En este ejemplo

INDICADOR GASTO SALIDA TRABAJO

SEMANAS	SEMANA 1	SEMANA 2	SEMANA 3	SEMANA 4	SEMANA 5	SEMANA 6	SEMANA 7	SEMANA 8	SEMANA 9	SEMANA 10
SALIDA TRABAJO	25.0	0.0	0.0	0.0	20.0	15.0	30.0	15.0	10.0	16.0
OBJETIVO	50.0	50.0	50.0	50.0	50.0	50.0	50.0	50.0	50.0	50.0

En el segundo indicador predictivo de la meta "Reducción de gastos chiquitos" podemos observar que si cumplimos con lo esperado. Entonces este indicador esta en control.

Por consiguiente en esta meta estamos fuera del objetivo propuesto.

En casos como estos hay que re plantear el indicador de tiendas gastos en tiendas de conveniencia, y colocar medidas de restricción, como reduccion de efectivo disponible, no uso de tarjetas de credito fuera de lo establecido en el plan en tiendas de conveniencia. Una gran ayuda en el consumo en tiendas de conveniencia es que la familia organice un listado de los articulos, alimentos u otros que esta comprando en estas tiendas y ver la opcion de obtenerlos a mejores precios.

Asignación de Responsabilidades

Esto significa que cada miembro de la familia debe jugar un rol en el tema de finanzas, donde tenga responsabilidad sobre alguna meta en específico y, por ende, igual la obligación de rendir cuentas.

La familia moderna debe funcionar como el consejo de administración de una empresa, en el cual se puede discutir la toma de decisiones importantes y, aunque alguien tenga la resolución final (el administrador), ayuda a que todos se involucren y entiendan por qué se hacen las cosas y cual es rol o responsabilidad en la familia.

Responsabilidad de los esposos, es complementarse, este es el rol más importante que juegan los esposos. ¿Qué significa esto? Que ambos comparten la responsabilidad, los esposos, deben ver las diferencias que tiene con su cónyuge como algo que los complementa, no como amenazas a su posición o punto de vista.

En realidad, las parejas suelen estar conformadas por personas que son muy diferentes, con características diferentes en muchos aspectos, y sin lugar a dudas, también cuentan con semejanzas en varios ámbitos, como por ejemplo en cuanto a gustos, aficiones, objetivos familiares y proyecto de vida. De ahí la importancia de dialogar y comunicarse bien, para poder llevar correctamente las estrategias planteadas en el presupuesto.

Es necesario pedir consejo y escuchar, cuando no hay acuerdo entre esposos en algún aspecto, para poder tener otro punto de vista.

Si hay desacuerdo y no buscamos consejo en estas áreas – como en todas las demás, caeremos en discusiones y frustraciones que se acarrean por años y las consecuencias de ello pueden ser muy dolorosas. Es por esto nuestra recomendación de tener un administrador como les mencioné al inicio.

Hablemos primero del Administrador, ya en algunos de los pasos anteriores he platicado de este personaje tan importante.

El administrador es aquel que atreves de una planeación estratégica, organiza, dirigir y controla nuestros recursos con el fin de llegar a los objetivos y a nuestras metas familiares.

Lo recomendable es que la persona más analítica, con inteligencia emocional, es decir aquella que tenga mejor control sobre sus emociones, capaz implementar y seguir estrategia para lograr los objetivos planteados, sea la que administre el tema de finanzas en familia.

Es una tarea un poco difícil encontrar quien lleve este rol, más sin embargo de la buena o mala elección del administrador depende el resultado de finanzas en la familia.

La otra parte de la pareja esposo (a) que no será el administrador, puede llevar, el control del presupuesto actualizado, documentos, facturas, todo aquello que no tenga que ver con el manejo físico del dinero, se puede delegar en esta persona. En pocas palabras será el asistente del administrador, este dará todo el apoyo al administrador para que se puedan lograr los objetivos y metas planteadas en el presupuesto. Recordemos siempre que debemos complementarnos. Ahí está a clave.

Una vez designado el administrador es importante definir y tener claridad en:
 ¿Cuáles decisiones financieras conciernen solo a la pareja? Y ¿En cuales decisiones financieras puede y debe incluir a los hijos?

El rol o la responsabilidad de los hijos en esta parte dependerá del grado de madurez y la edad de los mismos. Son los padres quienes deben ir guiando a los hijos en este proceso, y dando la participación en los temas acorde a su edad.

La situación financiera de una familia es responsabilidad de todos los miembros, de acuerdo con su edad. Cada persona juega un papel importante en el desarrollo de las finanzas familiares incluyendo los niños.

Define cuales serían los indicadores con los que vas monitorear o seguir el éxito de los objetivos trazados. A cada uno de estos asigna responsable.

Controlando las desviaciones

- **Presupuesto**

Pocos realmente sabemos el significado etimológico de la palabra Presupuesto, Pre = antes de o delante de, Supuesto= hecho, formado, por consiguiente, significa "antes de lo hecho".

Entonces podemos resumir que el presupuesto es "La estimación metódica de la estrategia definida para alcanzar las metas u objetivos propuestos.

Toma nota de los pasos a seguir para la elaboración de un presupuesto:
Identifica todo lo necesario para la elaboración y ejecución del presupuesto.
Definir quien lo hará, súper importante identificar el administrador del hogar.
Coordinación de cada una de las estrategias, midiendo desde lo necesario e imprescindible hasta todo aquello que no lo es.
Rendición de cuentas sobre todo lo que ya se ha planeado.

Hace 16 años mi esposo me hablo de esta terminología cuando me dijo "Ana vamos hacer un presupuesto" dije dentro de mi "Y esto que tiene que ver con nuestra casa" ¡ah! Sorpresa esta es la clave del éxito.

Hacer un presupuesto es lo más sencillo y fácil del mundo, seguirlo al pie de la letra es lo más doloroso que he conocido en estos años, sin embargo, la satisfacción de seguirlo es tan inmensa al ver los logros que solo me queda decir esto se llama ÉXITO.

Tengo que hacer mención obligatoria que en la familia solo debe haber un administrador. La realidad es que no todos nacimos para administrar.
Es difícil aceptarlo, pero da buenos resultados cuando hay un buen administrador. Esta es otra clave del éxito solo un administrador.

Antes de definir quién de los dos en la pareja será el administrador haga un análisis exhaustivo, a conciencia, porque de esta decisión dependerán el resto del éxito de su presupuesto y su hogar.

Una vez tomada la decisión de quien será el administrador, es probable que, en algunos casos, ameriten un análisis más a fondo, como es el caso de las deudas, el administrador tomara medidas que quizás no serán todas de nuestro agrado, más sin embargo darán frutos si se siguen correctamente.

Con igual nivel de importancia otra clave del éxito es hacer un solo presupuesto, una sola cuenta, aquí no cobra sentido lo tuyo es tuyo y lo mío es mío, aquí es de dos o aquí es de tres, en fin, aquí es de mi familia. Este es otro de los secretos del éxito de finanzas en la familia y del hogar.

De una manera más sencilla, un presupuesto es tomar las necesidades de cada uno de los miembros de la familia, ordenarlas, priorizarlas y cuantificarlas.

Otra definición sería: Es un plan elaborado para organizar y manejar debidamente los gastos del hogar.
Mi pregunta para usted y su familia es ¿tienen un presupuesto?

En la mayoría de nuestras conferencias y pláticas a familias y parejas de matrimonios, es un verdadero asombro cuando hablamos del tema. Normalmente solemos ver que se miran el uno al otro sorprendido, pero consciente de que se deben organizar los temas financieros.

La elaboración del presupuesto se debe hacer con base en las Metas financieras que nos hemos trazado. Esas metas deben ser reales y alcanzables.

Si se utiliza de la manera correcta, el presupuesto nos marcará la pauta a seguir cuando los resultados sean positivos, o negativos. Si el resultado del presupuesto arroja que lo ingresos cubren todos los rubros (diferentes cuentas) que tienes y además ahorras, vas por buen camino. Más sin embargo como en la mayoría de las familias, lo que ganas no alcanza y además estas súper endeudado, debes replantear tu presupuesto y organizar prioridades.

Algo importante es que el presupuesto se hace sobre papel o electrónico y no mentalmente como muchos acostumbran.
Hacer un presupuesto es mucho más que escribir, es sentarnos a dialogar, expresando opiniones y tomando decisiones sabias y sobre todo llevando la rendición de cuentas. Por mínimo que sea el gasto, inversión, pagos o ahorro, todo absolutamente todo debe estar escrito en el presupuesto.

Se debe realizar juntos en pareja, juntos definir la estrategia. En caso que haya hijos mayores se les puede tomar en cuenta, para los niños seguir recomendaciones mencionadas en pasos anteriores. Hay que registrar todo y poner énfasis en los pequeños gastos, si cuidamos esos pequeños gastos, los grandes se cuidan solos. "cuidemos los centavos o monedas, porque los pesos se cuidan solos" como decía mi tío.

Según uno de los expertos en finanzas, como Warren Buffett dice:
"La regla número 1 es no perder dinero nunca y la segunda, no olvidar la regla número 1".

Puede ser que la familia no tenga entradas fijas, pero se debe considerar que muchos gastos si son fijos, de allí que al hacer un presupuesto se deben tener en cuenta los ingresos, los gastos fijos y la cuentas por pagar.

Si los ingresos no son fijos se debe hacer un cálculo aproximado. Así mismo si se tiene un negocio propio se debe estimar un salario sobre el cual se pueda presupuestar.

El presupuesto se debe ajustar en la medida en que hay variaciones bien sea por incremento o déficit en los recursos.

Dentro del presupuesto también se debe cultivar la costumbre del ahorro.

El presupuesto es un plan concreto, que estando bien definidas las estrategias a seguir es fácil de implementar. El presupuesto contiene todos objetivos y metas con respecto al uso del dinero en el plano familiar. Conlleva mucho esfuerzo y disciplina, hay momentos donde piensa que no vas a llegar, porque es difícil, pero con la constancia, te aseguro lo lograras. Te vas dar cuenta que es un resultado directamente proporcional al esfuerzo, disciplina, que apliques.

Nunca te imagines que, con solo escribirlo y tener solo el estado actual, ya se resolvió el tema financiero, ¡no! este es solo el inicio, nada se obtiene en la vida por arte de magia, tenemos que trabajar inteligentemente para obtener los beneficios esperados.

Pasos para la elaboración de un presupuesto familiar, debe tomar en cuenta los siguiente:

Identificar Ingresos y Egresos

El primer paso es identificar cada uno de los ingresos de la familia, así como los gastos de cada día, cada semana o cada mes, cada año.
 Es importante no dejar por fuera ningún gasto, por pequeño que este sea

Los ingresos, son las entradas de recursos financieros: nómina o pensión, intereses de cuentas bancarias, pensiones, ayudas, que recibe la familia en un período determinado. Muy importante la sinceridad en el hogar sobre la cantidad de ingresos reales. Sin trampas, sin mentiras.

Los Egresos, son las salidas de recursos financieros, por alguna compra, o servicio, liquidación de deudas, inversión o algún otro concepto. Igual los egresos deben ser anotados, sin esconder, sin mentiras, para evitar crear problemas que al final perjudicaran los resultados esperados.

Y estos a su vez pueden ser de dos tipos: Gastos o Inversiones.

¿Qué es un gasto? Es la salida de dinero, por la adquisición de algún bien de consumo del cual no se espera que haya ningún retorno de dinero o ganancia financiera.

Los gastos pueden ser de:

Alimentación: se refiere a las compras que hacemos, diario, semanal o mensual, de alimentos para la familia.

Salud: Medicinas, consultas médicas, urgencias, pruebas de laboratorio, pruebas bimestrales o anuales sobre algún tema de salud a monitorear.

Casa: Renta, electricidad, internet, seguridad, gas, teléfono, servicio limpieza, servicio mantenimiento, cuidado de los niños, etc.

Seguros: Seguro de gastos médicos mayores, seguro de automóvil, seguro de casa, seguro de vida.

Educación: Inscripciones anuales, mensualidad, actividades extras.

Transporte: Transporte escolar, gasolina, cuotas de peaje, taxis, etc….

Financieros: Tarjetas de crédito, créditos bancarios, hipotecas, etc….

Temas extras: aquí puedes incluir los gastos de fin de semana, de recreación o diversión en familia, restaurantes, bares, sitios de juegos para niños, viajes en vacaciones, viajes de fin de semana, etc…

Ahora bien, es muy importante saber diferenciar los gastos en estas tres grandes clasificaciones:

Gastos Obligatorios: son los gastos que no puedes dejar de pagar, porque te provocarían un problema, ejemplos; casa, (renta o pago al banco), comida, educación, medicinas, agua, electricidad, vestido, gas, etc…

Gastos Necesarios: son aquellos que no son obligatorios, pero que quizás mejorarían algún tema importante en la familia y hogar. Ejemplos; mantenimiento casa, etc…

Gastos ocasionales: son aquellos de los cuales si podemos prescindir y no tendríamos ningún problema. Ejemplos: Fiestas, reuniones periódicas, gastos fin de semana, compras y/o deudas innecesarias, viajes, etc…

Una vez identificado tus gastos en estas tres grandes clasificaciones, solo tienes que tener pendiente tus ingresos reales y cuanto vas ahorrar. Con esto claro en mente ya puedes iniciar la elaboración de tu presupuesto.

Ajusta los gastos a los ingresos.
Intenta que los gastos no superen el 90% de los ingresos para poder ahorrar al menos el 10% cada mes.

Cuanto más ahorres antes lograrás tus objetivos financieros. Si no puedes ahorrar cada mes, deberás recortar algunos gastos.

Es importante mencionar lo que no es un presupuesto antes de elaborarlo:

• No es inflexible o invariable: Cada vez que encontremos la necesidad de mejora cualquier planteamiento previo, el presupuesto se puede mover para mejora, lo que no se debe hacer es moverlo porque no cumplimos con algún propósito o meta que ya teníamos proyectado.

- No es solo un documento donde registramos lo gastado. No, en el presupuesto deben estar los ahorros, las inversiones, donaciones, los planes de viaje (ahorro a futuro), todo, hasta el gasto que solemos hacer en tiendas de conveniencia, (tiendas pequeñas).

- El presupuesto no debería de ser solo una propuesta que luego es rechazada y olvidada. Debe de ser una herramienta activa, de consulta diaria, que requiere de un compromiso, de control, seguimiento e ingenio.

- Nunca podemos colocar un dato inferior ($) por no dar el valor real tratando de figurar que el presupuesto no se salga de control, es decir que estemos en números rojos. La foto real o el estado actual es lo más importante. Sino todo lo que se desarrolle bajo una base incorrecta al final no perdura.

Es importante tener en cuenta, si te aumentan el salario, no aumentes los gastos en la misma proporción. Esto es lo que la mayoría solemos hacer.
Es aconsejable que ahorres parte o todo lo que te aumentaron. Igual es aconsejable cada vez que se recibe un aumento de salario invertirlo, para obtener beneficios a mediano o largo plazo.

Ventajas de un presupuesto.:

- Facilita la vigilancia efectiva a cada una de las estrategias financieras planeadas en la familia.
- Optimiza los resultados mediante el uso correcto de los recursos.
- Sabemos cuánto tenemos ahorrado y como prepáranos para el futuro.
- Tenemos una clara identificación de nuestras deudas.

- Aprendemos sobre la cultura del ahorro e inversión.
- Creamos hábitos financieros.

Los presupuestos pueden ser semanal, quincenal o mensual. Dependiendo de la entrada de tus ingresos (semanal, quincenal o mensual) define la revisión del presupuesto. Esta es una de las principales reglas a seguir.
Es decir, en cuanto recibas el dinero (ingresos) de inmediato debes ir a verificar que es lo presupuestado para cada uno de los rubros o las diferentes cuentas que ya definiste.

ALCANCE DE LAS FINANZAS EN LA FAMILIA

INGRESOS	AHORRO
GASTOS	DEUDAS

INVERSIONES

Ejemplo presupuesto:

PRESUPUESTO FAMILIAR

SEMANA	03-mar-18	10-mar-18	17-mar-18	24-mar-18	31-mar-18	07-abr-18	14-abr-18	21-abr-18
INGRESOS								
INGRESO SEMANAL	5,000.00	5,000.00	5,000.00	5,000.00	5,000.00	5,000.00	5,000.00	5,000.00
GASTOS								
RENTA DE CASA	500.00	500.00	500.00	500.00	500.00	500.00	500.00	500.00
PAGO DE LUZ					300.00			
PAGO DE AGUA					250.00			
GAS					600.00			
COMIDA SEMANAL	900.00	900.00	900.00	900.00	900.00	900.00	900.00	900.00
PAGO CELULAR	150.00	150.00	150.00	150.00	150.00	150.00	150.00	150.00
PAGO GASOLINA	400.00	400.00	400.00	400.00	400.00	400.00	400.00	400.00
TRASNPORTE SEMANAL A								
TRANSPORTE SEMANAL B					150.00			
PAGO PEQUENOS ARTI.	50.00		100.00	40.00		54.00	60.00	
TARJETA CREDITO BANCO 1			1,100.00					600.00
TARJETA CREDITO BANCO 2				400.00		700.00		
PAGO CREDITO	1,500.00	1,500.00	1,500.00	1,500.00	1,500.00	1,500.00	1,500.00	1,500.00
OTROS	500.00	600.00	600.00	600.00	600.00	600.00	600.00	600.00
AHORRO	150.00	300.00	150.00	150.00	150.00	500.00	150.00	150.00
TOTAL GASTOS	4,150.00	4,350.00	5,400.00	4,640.00	5,500.00	5,304.00	4,260.00	4,800.00
DIFERENCIA	850.00	650.00	-400.00	360.00	-500.00	-304.00	740.00	200.00

Recomendaciones:

1.El ahorro es la parte más importante de su presupuesto. El ahorrar es una forma de prever cualquier situación inesperada a futuro como lo puede ser la pérdida de empleo de alguno de los miembros de la familia. Por otro lado, nos permite de una manera más sólida lograr cumplir nuestras metas.

Es importante incorporar a todos los miembros de la familia, tomando en consideración los diferentes aportes que cada uno de estos pueda dar. Incluso a los más pequeños, es importante crearles la cultura del ahorro y la economía, desde una perspectiva fácil de asimilar para ellos tomando en cuanta incluso su corta edad.

Gaste menos de lo que gana. Construir seguridad financiera está basado en una simple premisa: gastar menos de lo que se gana. Esto es difícil de lograr si usted no sabe cuánto gana, y donde está gastando su dinero. De ahí la importancia de un plan de gastos.

PPP: Primero pagar prioridades. Una clave es estar seguro de que las prioridades se pagan primero. Ello reduce la vulnerabilidad de incurrir en gastos no programados.
Considere que cosas realmente necesita
Un punto muy importante es valorar qué es lo que realmente necesitamos.

La publicidad utiliza técnicas que provocan la creación de necesidades de consumo que realmente no son prioridad.

Compromiso en control en consumo y ahorro. Haga un compromiso real de controlar el consumo y aumentar el ahorro.

El ahorro en consumo es un punto fundamental pues existen muchas fuentes potenciales de ahorro como lo es en electricidad, en el uso de celular o teléfono, en gastos de gasolina, uso del agua, etc.

Endéudese solo para realizar inversiones. Las deudas para generar gastos son un síntoma de pérdida de patrimonio, siendo esta la trampa de las tarjetas de crédito, ya que se adquiere una deuda que genera gastos por interés sin que se tenga ningún ingreso adicional que lo compense.

Uso adecuado de tarjetas de crédito.

El crédito, usado responsablemente, puede convertirse en una gran herramienta que nos permite administrar las finanzas personas

Los hábitos en el uso de las tarjetas de crédito son situaciones previsibles y corregibles, depende más de la educación financiera y el grado de entendimiento en el método de pago.
A nadie se nos enseña cual es el verdadero uso de tarjetas de crédito, y pensamos que es un disponible de efectivo.

Aprovecho y te dejo saber cuál es el uso correcto de las tarjetas de crédito según los expertos:

Una tarjeta de crédito es dinero prestado y tendrá que pagar comisiones e intereses, por lo tanto, gaste solamente lo que puede pagar.

Lo primero que debes verificar cuando te ofrezcan una tarjeta de crédito es el % de interés que tiene. Ahí está un de las claves, de un banco a otro encuentras muchas diferencias.

Controla los gastos con la tarjeta de crédito, guarda todos los comprobantes, en estos tiempos es frecuente ver las clonaciones de tarjetas, si guardas x un periodo determinado tus consumos, puedes comprobar con el estado de cuenta si los consumos son o no correctos.

Los pagos de su tarjeta de crédito deben estar dentro de su presupuesto, así como la renta, la luz, el agua, teléfono, colegiaturas; así podrá cumplir a tiempo con estos pagos sin que le cobren moras o recargos.

Lo ideal es utilizarla y hacer el pago antes de la fecha de corte de su tarjeta, así no genera intereses. Para esto se debe saber cuándo corta su tarjeta, tiene un periodo de tiempo determinado para utilizar este dinero, y no generará cargo alguno.
Utilice la tarjeta a partir del día siguiente de la fecha de corte y durante los siguientes primeros días del periodo, ya que será mayor el período de tiempo entre la compra y la fecha de pago.

No es recomendable utilizar la tarjeta de crédito para solo pagar el mínimo, pagarás doble o triple lo que hayas comprado.

Es muy importante determinar la cantidad de tarjetas que deseamos tener, esto por el tema de las comisiones anuales, que, en la mayoría de los casos, nos sorprendemos cuando nos llega.

Es mucho más fácil controlar una o dos tarjetas.

Haga un análisis previo cuando le ofrezcan servicios adicionales como seguro de vida, seguro vial, gastos médicos, funerarios, etc… ya que igual esto va afectar su liquidez.

No pague una tarjeta con otra, esta es una de las peores prácticas que solemos hacer.

No las utilice como una extensión de ingreso, no lo es.

Cuando utilizas las tarjetas de crédito, adquieres una deuda. Todas las deudas de las tarjetas deben estar incluidas en el presupuesto.

Las finanzas siempre son muy dinámicas, solo piense como es el dinero, lo tenemos y de repente ya desaparece. Todos los planes deben ser flexibles, es decir, puede suceder que necesite replantear el presupuesto o alguno de los objetivos porque simplemente no percibió el total de sus ingresos como esperaba.

Lo que nunca se nos puede olvidar en el presupuesto es una regla fundamental de los expertos "evolucionar o desaparecer". Trate de eliminar sus deudas, minimizarlas o desaparecerlas, mas no incumplirlas. Por eso el mensaje es o mejoramos la situación actual o la eliminamos en palabras más simples.

La familia debe tener presente reajustar sus balances, objetivos y estrategias a las situaciones cambiantes. Hay que estar preparados para una baja o pérdida de ingresos, un aumento de impuestos, así como también para cosas positivas como el éxito de nuestras inversiones, nuevos ingresos, cambios de puesto, ya que todo cambio positivo en dinero, altera los cálculos iniciales de nuestro presupuesto.

La comunicación familiar, es uno de los temas fundamentales en los temas de finanzas en familia, todos los conceptos, objetivos, metas, estrategias deben quedar bien claros, sin dudas.

Como cada familia es diferente no hay un estándar o método especifico a seguir, usted debe tener la capacidad de adecuar su objetivo o propósito en su presupuesto a sus necesidades específicas y la situación actual de su familia en el tema de finanzas.

Haz tu presupuesto familiar y colocas las metas más importantes, no te olvides de la rendición de cuentas.

A continuación, algunos ejercicios que debes poner en práctica.

Práctica #1		MES -AÑO	
	En que ahorro mi dinero?	En que gasto mi dinero?	
Días			
1			
2			
3			
4			
5			
6			
7			
8			
9			
10			

Has una lista de todos tus gastos día a día hasta completar el período que hayas definido en la revisión de tu presupuesto. (semanal-quincenal o mensual).

Práctica #2			MES -AÑO
GASTOS FAMILIARES	CANTIDAD $	FECHA	NECESARIO SI O NO
Días			
1			
2			
3			
4			
5			
6			
7			
8			
9			
10			
TOTAL			

- **Rendición de cuentas**

Cada miembro de la familia debe tener una responsabilidad asignada que apoye al cumplimiento del objetivo propuesto según las metas crucialmente importantes establecidas.

La cadena de rendición de cuentas consiste en establecer un ritmo regular y frecuente de juntas entre los miembros del hogar que tienen una meta crucialmente importante.
Estas reuniones deben llevarse a cabo al menos cada semana y deben de durar entre 20 o 30 minutos.
En ese tiempo, los miembros de la familia se rendirán cuentas unos a otros de los resultados que han obtenido a pesar del trabajo del día a día.

La rendición de cuentas en nuestra familia se comparte. Hacemos compromisos entre nosotros, rendimos cuentas a nuestra familia, pero, sobre todo, a nosotros mismos. Esta es la esencia de las finanzas en familia y como mencionaba al principio, la familia solo es una, por ende, las finanzas son solo una.

La rendición de cuentas en el hogar y la familia es una de las partes más difíciles, porque hay que comentar a los demás miembros de la familia donde y porque se gastó el dinero. O simplemente no se pudo cumplir con la meta asignada.

Suele pasar que después de establecer metas y objetivos, llega el día de rendir cuentas y lo que estaba planeado no se cumple, por algún motivo que no fue contemplado dentro del plan estratégico.

Aquí hay ser muy claros el no logro de un indicador que afecta directamente una meta, no es aceptable. A menos que el motivo haya sido algo imprevisto pero obligatorio, como una enfermedad, falta de un ser querido, etc...

Un consejo si usted no puede controlar sus emociones en manejo correcto del dinero, simplemente limite los recursos disponibles de dinero.

Más claro aún si llevo 500 pesos efectivo semanales y en los dos primeros días los gasto. Ya no lleve 500 pesos, solo lleve consigo 200 pesos. En el mejor de los casos no lleve nada. Lleve una tarjeta por cualquier eventualidad.

La rendición de cuentas debe ser el mismo día y a en la misma hora siempre. Tenemos que crear el hábito.

Obstáculos para la rendición de cuentas:
-Competencia con el torbellino, o el día a día para hacer la rendición de cuentas.
-Repetir compromisos más de una semana sin obtener resultados.

Suela pasar después de haber hecho el presupuesto con los objetivos claros y todo, que no encontramos el tiempo o simplemente lo evadimos por no ser responsables de rendir las cuentas claras.
Por ejemplo, si a usted le asignaron pagar la casa y de ese dinero tomo prestado y no cumplió con el compromiso, está mal asignada esta tarea o responsabilidad, usted no es la persona correcta para llevar a cabo esta tarea, porque no tuvo control de sus emociones. Por lo tanto, en la rendición de cuentas usted tendrá un grave problema.

Recomendaciones defina las metas crucialmente importantes asigne responsabilices a cada miembro de la familia, y luego haga la rendición de cuentas.

Recomendaciones para fortalecer las finanzas.

Tener una entrada estable.

Todas las deudas deben estar en el presupuesto.

Contar con un mínimo de bienes indispensables para iniciar el hogar.

Tómense el tiempo para comparar calidad y precio, visiten varios sitios para tener más opciones.

Manténganse en los precios intermedios. No siempre lo más costoso es lo mejor, y recuerden que algunas veces "lo barato sale caro".

Aprovechen los tiempos de rebaja, conociendo de antemano las necesidades familiares.

No compre en pagos pequeños, al final va pagar el doble o más del articulo comprado.

Aprende a conocer tus gastos y mejóralos.

Realizar compras con una lista bien definida, tratando de ahorrar.

Cuidado con las ofertas de meses sin intereses, al final llega a comprometer toda su liquidez de efectivo y se alquila modernamente a trabajar para otros.

Evite tomar créditos, pues ellos nos hacen vivir una realidad que no es la nuestra, por encima de nuestras posibilidades. Si irremediablemente nos toca adquirir créditos, antes de hacerlo examinemos nuestra capacidad de pago.

Aprende ahorrar y enséñales a tus hijos.

No supere el límite de endeudamiento.

Tenga clara la diferencia entre gasto e inversión.
Invierta en educación financiera.

No compre por impulso.

Ahorra sistemáticamente.

Algunas frases célebres en el tema de finanzas.

Cuida de los pequeños gastos; un pequeño agujero hunde un barco. (Benjamín Franklin)

Nunca gastes tu dinero antes de tenerlo. (Thomas Jefferson)

El camino hacia la riqueza depende fundamentalmente de dos palabras: trabajo y ahorro. (Benjamín Franklin)

Ahorrar no es sólo guardar, sino saber gastar. (Refrán)

Si quieres que el dinero no te falte, el primero que tengas no lo gastes. (Refrán)

No hay mejor ahorrar, que poco gastar. (Refrán)
Quien vive con más desahogo no es el que tiene más, sino el que administra bien lo mucho o poco que tiene. (Ángel Ganivet)

Mientras puedas, ahorra para la vejez y la necesidad, porque el sol de la mañana no dura todo el día. (Benjamín Franklin)

"En la medida que más gente te deba, más rico serás".

"En la medida en que le debas a más personas, más pobre serás"

El éxito es la capacidad de ir de un fracaso a otro sin perder entusiasmo. -Winston Churchill

Quien vive con más desahogo no es el que tiene más, sino el que administra bien lo mucho o poco que tiene. (Ángel Ganivet)

Un presupuesto te indica a dónde va tu dinero, en lugar de preguntarte a dónde se ha ido. –John C. Maxwell.

El primer paso para convertirte en millonario es ser un comprador inteligente. –Mark Cuban.

Espera lo mejor. Prepárate para lo peor, y capitaliza lo que te vaya llegando. –Zig Ziglar.

Aquel que compra lo que no necesita, se roba a sí mismo.
–Proverbio Sueco.

Sólo hay dos medios de pagar las deudas: por el trabajo y por el ahorro.   Thomas Carlyle

El fracaso es sólo la oportunidad de comenzar de nuevo de forma más inteligente. –Henry Ford.

En la vida hay que escoger entre ganar dinero o gastarlo. No hay tiempo suficiente para ambas cosas. (Edouard Bourdet)

El hombre que sabe gastar y ahorrar es el más feliz, porque disfruta de ambas cosas. (Samuel Johnson)

"Una de las cosas divertidas sobre el mercado de valores es que cada vez que una persona compra, otra vende, y ambos creen que son astutos". William Feather.

"Si su asesor financiero le hizo perder su inversión de dinero. No lo culpe a él. De una mirada a si mismo y pregúntese si usted está dispuesto a reducir el riesgo educándose". Robert Kiyosaki

"La gente exitosa hace preguntas. Buscan maestros nuevos. Siempre están aprendiendo": Robert Kiyosaki

"A menudo, cuanto más dinero ganes, más dinero gastas. Es por esto que más dinero no te hará rico, los activos sí": Robert Kiyosaki

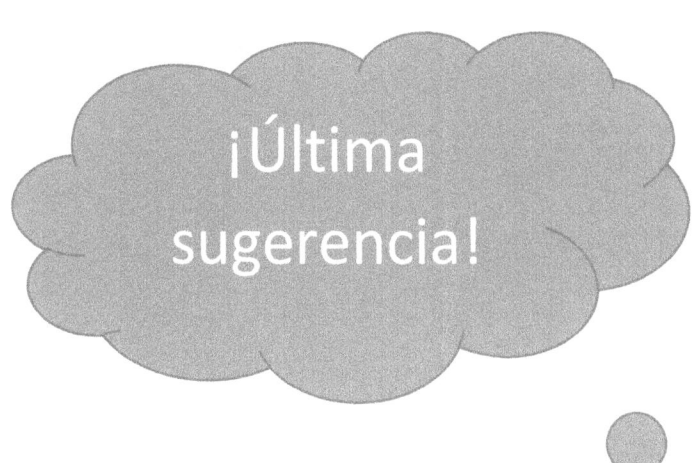

¡Última sugerencia!

Si te gusto esta guía o libro, agradezco los comentarios que nos puedas dejar en Amazon, son valiosísimos para nosotros y estamos infinitamente agradecidos.

Para más información sobre talleres, conferencias, consultas sobre el tema me puedes contactar en:

ana_sofiamperez@hotmail.com
asmartali14@gmail.com

¡GRACIAS!

www.ingramcontent.com/pod-product-compliance
Lightning Source LLC
Chambersburg PA
CBHW062357220526
45472CB00008B/1840